Frédéric hoebeeck

La réincarnation est-elle plausible ?

La vie sur terre, un pas-sage ?

Michel-Ange, La Tentation

« Quoi donc ! il n'y aurait point de Spectateur pour contempler les plus belles Parties de la Création terrestre, pour en admirer la magnifique Ordonnance, pour en étudier les Rapports divers, en saisir l'Ensemble, la Progression, la Convergence ? & s'élever par cette Echelle de merveilles jusqu'au Trône de CELUI QUI EST ? »

Charles Bonnet, *Palingénésie philosophique* (1769), [2, P.27]

Il est des mots qui ne peuvent être dits que par des sages, mais qu'en est-il quand ces mots sortent de la bouche du simple mortel ?

Préambule

Sujet bien ambitieux que de traiter du thème de la vie après la mort. Ce thème a passionné une multitude de chercheurs, philosophes, hommes d'Église et une bonne partie de la masse silencieuse… et à ce jour, ce sujet passionne toujours le plus commun des mortels.

Aujourd'hui, il existe plusieurs courants de pensée qui, pour la plupart, se contredisent ou s'entremêlent sur la vie après la mort.

Je viens apporter une ouverture vers d'autres réponses possibles sur ce qui se passe après la mort.

Cet écrit va vous confirmer, révéler et heurter vos croyances acquises. Le but étant d'ouvrir nos perceptions vers une compréhension tangible et cela demandera une grande ouverture d'esprit et d'accepter une remise en question profonde de nos acquis.

Je suis croyant et comme pour beaucoup, je cherche à comprendre la vie et son sens. Les écrits sacrés sont une source insoupçonnée du savoir ancestral d'où émergent la connaissance vitale qu'anime chaque individu et le guide. Cette connaissance peut engendrer un comportement pour la plupart conditionné par les enseignements trompeurs de gourous et par un apprentissage répétitif de faits et gestes qui font perdre l'essence du message en un rituel sociétal et collectif. Elle est indéniablement la source de nos faits et gestes et de notre comportement en société. Bien que cela change et que la science prenne le pas sur la croyance, l'homme reste attaché à son bagage ancestral.

Si j'entreprends cette démarche théosophique, c'est avant tout pour clarifier les doctrines acquises et l'impact qu'elles peuvent avoir sur la conception de la vie et de la mort.

Si nous pouvions certifier qu'il y a une vie après cette vie terrestre, certainement que notre approche de la mort serait modifiée et pourrait transformer nos faits et gestes. Notre conception de la vie en serait changée et notre façon de vivre également. Nous ne pleurerions plus nos proches qui nous ont quittés et au lieu de pleurer toutes les larmes de notre corps, nous chanterions des louanges et exprimerions notre joie à l'idée que nos chers disparus connaissent une vie fantastique au-delà de nos frontières physiques et palpables. Certaines tribus festoient leurs morts comme dans les tribus amérindiennes.

Qu'en est-il vraiment, y a-t-il une vie après la mort ? Et si elle existe vraiment cette vie, serait-elle en accord avec les croyances sur la réincarnation ou serait-elle toute différente ?

Si nous nous référons à la réincarnation telle que définie par les différentes religions qui prônent une régression ou une élévation, si nous nous nous référons à la doctrine de l'enfer, cette vie après la mort pourrait être pire que celle que nous vivons aujourd'hui.

Pour le savoir, il nous faut comprendre le message que renferment les écrits ancestraux, les anciens philosophes grecs et la science.

La grâce m'a été rendue par la force de Dieu ou de l'univers pour aboutir et concrétiser un sujet épineux qui dérange et qui dérangera les valeurs acquises d'une multitude de croyants dont je fais partie.

Cet écrit a failli ne pas voir le jour. En novembre 2021, j'étais à l'article de la mort. Bien que les médecins de l'hôpital n'entrevissent pas mon rétablissement, je fus par miracle sauvé. J'en ai déduit que mon projet d'écrire cet essai et un autre sur la fin du monde apocalyptique devaient voir le jour avant de vous fausser compagnie.

Je crois en la synchronicité des événements et des rencontres. Ce livre a été un moment particulier de rencontres et de découvertes philosophiques, religieuses et scientifiques. Je remets donc cet ouvrage entre les mains de notre destinée et à la synchronicité provoquée par la force vitale de l'univers qui nous entoure et qui revêt une énergie insoupçonnée.

Selon le journal, le Monde, « En 2010, huit personnes sur dix s'identifient à un groupe religieux. C'est le principal constat de la dernière étude démographique du Pew Forum on religion & public life, un centre de recherche indépendant basé aux États-Unis.

5,8 milliards d'individus, soit 84 % d'une population mondiale estimée à 6,9 milliards de personnes, se déclarent membres de l'une des cinq grandes religions : bouddhisme, christianisme, hindouisme, islam, judaïsme.

16 % ne se reconnaissent dans aucune, une partie restant cependant attachée à des principes spirituels — la croyance en un dieu, par exemple.

Les chrétiens sont majoritaires : ils représentent 32 % de la population mondiale. Viennent ensuite les musulmans (23 %), les hindous (15 %), les bouddhistes (7 %) et enfin les juifs (0,2 %).

Les non affiliés sont donc le troisième groupe le plus important, juste devant les hindous, du point de vue du nombre (16 %).

Quelque 400 millions d'individus, soit 6 % de la population mondiale, sont attachés à une religion traditionnelle — africaine, chinoise, amérindienne, aborigène… Un peu moins de 1 % évoque d'autres croyances, comme le sikhisme, le shintoïsme, le taoïsme ou encore le zoroastrisme. »[1]

Si nous calculons, les religions qui croient en la réincarnation, il y aurait près de 1,7 milliard de personnes qui croiraient à la réincarnation (25% de la population mondiale).

Il faut toutefois nuancer ce chiffre, car de plus en plus l'influence philosophique et religieuse de l'orient imprègnent la pensée occidentale (la chrétienté) et africaine (majoritairement islamique).

Pour donner un exemple, voici le résultat d'une petite enquête au Canada transmise par Mr Gilles Guénette, datant de septembre 2001:

« Selon le sondage, 57,1% des Canadiens (55,8 % des Québécois) croient aux anges, tandis que 57,4 % des Canadiens (54 % des Québécois) croient à la vie après la mort. Pour ce qui est des extraterrestres, c'est 34,2 % des Québécois qui y croient (1,4 % affirment en avoir vu); pour les fantômes, ce sont 20,9 % des Québécois qui y croient (3,2 % disent en avoir vu) ; et **la réincarnation,**

---

[1] http://www.lemondedesreligions.fr/actualite/84-de-la-population-mondiale-est-religieuse-18-01-2013-2925_118.php

33,1 % des Québécois y croient (on ne sait pas combien l'ont expérimentée). »[2]

Dans mes lectures religieuses et philosophiques, je n'arrivais pas à percevoir une cohérence entre ces diverses explications sur ce qui se passe après la mort. Les termes comme la résurrection, la vie éternelle ou l'éternité, l'immortalité de l'âme et la réincarnation, ont toujours été ambigus. Il en ressort, pour beaucoup de personnes que j'ai approchées sur le sujet, une croyance erronée sur la vie et le message du Christ.

Il y aura des passages assez techniques, axés sur la sémantique des mots et la traduction linguistique originale des termes utilisés. Si ces passages sont présents, c'est pour confirmer une approche théologique rigoureuse et scientifique du sujet traité. Je souhaite être le plus complet possible. De cette façon, je permettrai à tout un chacun de comprendre et de faire ses propres constatations sur le sujet de la vie après la mort.

J'ai voulu que cet ouvrage soit avant tout une approche sincère et libre de toutes contraintes religieuses ou philosophiques. Je n'appartiens à aucune classe religieuse, politique ou philosophique. Je suis libre penseur[3]. Je me suis inspiré et imprégné de lectures philosophiques, religieuses et scientifiques de tous bords, allant des plus farfelues aux plus sérieuses.

---

[2] Tiré de http://www.quebecoislibre.org/011110-4.htm

[3] Pour plus de détails sur mon parcours de vie, j'ai écrit un livre autobiographique : Cette blessure, souvenirs d'un enfant de l'Assistance publique, accessible sur le site https://www.checopa.be/boutique/

Apprendre n'est pas savoir ;

il y a les sachants et les savants :

C'est la mémoire qui fait les uns, c'est la philosophie qui fait les autres.

- Mais ne peut-on apprendre la philosophie ?

- La philosophie ne s'apprend pas ; la philosophie est la réunion des sciences acquises au génie qui les applique :

La philosophie, c'est le nuage éclatant sur lequel le Christ a posé le pied pour remonter au ciel.

Alexandre Dumas

Le Comte de Monte Cristo

Introduction

J'ai constaté, durant mes années de recherche, sur la vie et sa raison d'être, de profondes divergences entre les différentes religions, sur ce qui se passe après la mort.

Quelquefois, les termes utilisés par les religieux sont erronés ou tout simplement détournés de leur sens premier et jettent le doute ou la confusion sur la compréhension, sur le sens de la vie et de l'après-vie.

J'ai tenté de clarifier ces concepts par une recherche et une réflexion sur la réincarnation en parallèle avec l'éternité et l'immortalité. Ces trois concepts sont étroitement liés et je me devais de les confronter les uns avec les autres pour en sortir une vérité possible et plus proche du sens même de la vie.

J'ai tenté de rapprocher la science avec la religion pour en retirer des faits et non des croyances, car la croyance est rarement palpable et se limite souvent à une impression, à une conviction sans preuve tangible, basée sur la foi. Souvent, pourtant, la croyance apporte une vérité non explicable à un temps donné dans notre évolution humaine. C'est bien souvent après coup que cette croyance se vérifie grâce à la science ou à une découverte matérielle, comme ce fut le cas des écrits retrouvés dans les grottes de la mer morte en 1947[4] et qui ont permis de bousculer certaines doctrines religieuses, comme celle sur la création du monde et du péché originel. Je fais, entre autres, allusion au livre d'Enoch, retrouvé dans ces grottes avec les

---

[4] Depuis peu une information vient chambouler ces découvertes. Les écrits retrouvés auraient été mis en place par les Américains pour favoriser l'implantation des juifs à Jérusalem. Cela n'infirme en rien leur véracité.

autres livres hébraïques. Ce livre d'Enoch ne fait pas partie du canon biblique et pourtant il révèle des détails de l'origine de l'humanité qui dérangent les religions dominantes et les sectes religieuses. Il y a également la découverte des écrits sumériens qui chamboulent le premier livre sacré qu'est la Genèse et remettent en question le péché originel, le rôle de la femme dans le dessin divin et Dieu comme étant unique, prôné par les plus grandes religions qui se confrontent avec la pluralité de Dieu révélée dans les écrits postcanoniques.

Nous avons progressé dans la compréhension de l'existence humaine par une science de plus en plus ouverte et évolutive. Je fais allusion à la physique quantique qui ne se borne pas à une explication linéaire des faits matériels. Pour une présentation simplifiée des caractéristiques de cette méthode, on peut affirmer que si les sciences en général partent d'une cohérence tangible, la science quantique confronte l'impossible avec le possible, l'invisible avec le visible, le spirituel avec la matière. Cette façon de faire donne une image plus juste du fonctionnement de l'univers et de ce qui nous entoure. Nous ne sommes pas faits seulement de matière (le visible), mais nous sommes également faits d'énergie (l'invisible). La physique quantique tient compte de l'observateur de l'expérience et de son influence sur la matière. Un exemple simple pour illustrer cela : un gendarme dans la rue exercera inévitablement une influence sur votre comportement de piéton ou de conducteur. Qu'en est-il lors de la prise de votre tension devant la blouse blanche ? Il en est de même avec l'observateur de l'expérience. Il influencera les particules étudiées, par sa composition propre ou par sa simple présence. Cette science permet de considérer des facettes de la physique jusque-là jamais traitées comme l'épigénétique[5].

La science quantique fait la jonction entre le matériel et le spirituel. Ce qui était en opposition durant plusieurs siècles (je fais allusion à la science et la foi) est devenu, en ce nouveau siècle, un point de jonction des savoirs, grâce à la physique quantique.

Nous sommes dans une période de changement extraordinaire, que ce soit sur le plan scientifique, religieux ou humanitaire, et je me réjouis d'y contribuer pleinement dans chacun de mes faits et gestes de la vie courante. Ce livre contribue à cette évolution personnelle que je partage avec vous.

Nous allons maintenant voyager ensemble vers une compréhension de ce qui pourrait se passer après la mort.

Nous changerons-nous en une nouvelle créature terrestre ?
Serons-nous transformés en une énergie qui appartient à un tout ?
Deviendrions-nous une entité spirituelle au ciel ?
Voilà des questions qui seront abordées dans cet ouvrage.

---

[5] L'épigénétique, c'est d'abord cette idée que tout n'est pas inscrit dans la séquence d'ADN du génome. *"C'est un concept qui dément en partie la "fatalité" des gènes"*, relève Michel Morange, professeur de biologie à l'ENS. Plus précisément, *"l'épigénétique est l'étude des changements d'activité des gènes - donc des changements de caractères - qui sont transmis au fil des divisions cellulaires ou des générations sans faire appel à des mutations de l'ADN"*, explique Vincent Colot, spécialiste de l'épigénétique des végétaux à l'Institut de biologie de l'École normale supérieure (ENS-CNRS-Inserm, Paris). Un extrait du journal Le Monde par Florence Rosier, publié le 13 avril 2012.

Il est beaucoup plus facile pour un philosophe
d'expliquer un nouveau concept à un autre
Philosophe qu'à un enfant.

Pourquoi ?

Parce que l'enfant pose les vraies questions.

Jean-Paul Sartre

Chapitre 1ᵉʳ

LA (RE)INCARNATION

(PALINGENESIE ou METEMPSYCOSE)

1- **Étymologie :**

    a- Métempsycose

    b- Palingénésie

2- **Histoire :**

    a- La kabbale (Loi orale juive)

    b- L'hindouisme

    c- Le Bouddhisme

    d- Les autres grandes religions

3- **Qu'est-ce que l'âme ?**

4- **Qu'est-ce que la résurrection ?**

Le Dharma du Bouddha.

La roue de la vie du bouddhisme et le chemin en spirale.

1- Étymologie
La réincarnation

Ce terme qu'est la « réincarnation », bien que d'apparence immémoriale, ne daterait que du XIXe siècle. Il apparaît dans le Journal officiel, du 14 déc. 1875, p. 10319, 3e colonne) et par la suite dans le Grand dictionnaire universel du XIXe siècle de Larousse.

En réalité c'est le spirite Allan Kardec qui paraît l'avoir utilisé le premier dans son livre « des Esprits », paru le 18 avril 1857. Il définit la « Réincarnation » comme le retour de l'Esprit à la vie corporelle[6].

Les Grecs utilisaient le concept de « Métempsycose », mot qui trouve son origine au VIe siècle av E comme notion attachée à la doctrine religieuse fondée par Orphée. La réincarnation se traduit également par « palingénésie » qui trouverait son origine au IVe siècle av E, même si des doutes persistent à ce sujet. Ce concept viendrait de l'Inde, plus précisément de la civilisation de la vallée de l'Indus, ou civilisation harappéenne et il daterait de l'âge de bronze (2700 Av E).

La notion de palingénésie serait donc beaucoup plus ancienne que celle de métempsycose.

Le dictionnaire de l'internaute définit la réincarnation comme une nouvelle incarnation d'une âme dans un autre corps ou communément comme « Retour dans la chair ».

---

[6] Informations tirées des « éditions-Philman.com sur le livre de la Réincarnation selon le spiritisme d'Henri Sausse »

a/ Métempsycose ou Métempsychose (grec)

La métempsycose (du grec ancien metempsúkhôsis, déplacement de l'âme, de μετά et ψυχή/psukhế) désigne le passage, le transvasement d'une âme dans un autre corps, qu'elle va animer.

Le métempsycosisme est la croyance selon laquelle une même âme peut animer successivement plusieurs corps soit d'humains soit d'animaux, ainsi que de végétaux : la transmigration des âmes peut intervenir non seulement dans l'humain (réincarnation), mais encore dans le non-humain, bête ou plante.[7]

Ce terme de métempsychose est pour moi édulcoré et ne correspond pas du tout à la première signification de la notion de palingénésie. Pourquoi ?

Si nous reprenons l'étymologie du mot « Métempsycose », nous retrouvons le mot « Psychose » qui correspond à l'ancien grec à « **Psuké** » qui veut dire « **Âme** » et à « **Métem** » qui veut dire « **Déplacement** » :

« **Métempsycose** » se traduit littéralement par « **Déplacement d'âme** ».

Nous verrons plus loin, sous l'intertitre « Qu'est-ce que l'Âme » (page 27), que ce mot « Âme » ne correspond en rien à la signification que nous lui prêtons depuis quelques siècles.

L'étymologie de la réincarnation devrait être « Palingénésie » qui correspond mieux à la définition de la (ré)incarnation.

---

[7] Tiré de https://fr.wiktionary.org/wiki/métempsycose

b/ Palingénésie ou Paliggenesia (Grec)

« **Palingénésie** » se découpe en deux mots distincts :

La première « Palin » qui veut dire «**de nouveau** » ou « **encore** ».
La deuxième : « Génésis » qui veut dire « **Naissance** » ou **« vie »**.

« Palingénésie » se traduit comme suit :
« **Nouvelle naissance** » ou « **nouvelle vie** ».

Selon cette définition, la réincarnation voudrait dire « Nouvelle naissance » ou « **Renaissance** ». La palingénésie peut également se définir comme le retour à la vie des divers éléments de la nature. C'est le fruit qui porte la semence, c'est l'être qui met au monde un enfant, cycle continuellement renouvelé. Nous sommes loin de la compréhension première de la Réincarnation, perçue par la plupart des communs des mortels qui croient au retour de son être dans la chair.

Cette approche sémantique plus précise de la (ré)incarnation (palingénésie) rejoint une notion biblique exprimée au verset 5 du chapitre 3 de Tite, où il est question de la transformation de son être grâce au baptême de l'Esprit. Il est donc fait mention d'un renouvellement spirituel profond de l'être par le baptême de l'Esprit pour devenir un être de lumière à l'image de Jésus.

Tite 3:5 :

« il nous a sauvés, non à cause des œuvres de justice que nous aurions faites, mais selon sa miséricorde, par le baptême de la régénération (paliggenesia) et le renouvellement du Saint-Esprit »

Jésus a fait mention de ce même terme en

Matthieu 19:28 :

« Jésus leur répondit : je vous le dis en vérité, quand le Fils de l'homme, au renouvellement (Paliggenesia) de toutes choses, sera assis sur le trône de sa gloire, vous qui m'avez suivi, vous serez de même assis sur douze trônes, et vous jugerez les douze tribus d'Israël. »

Le traducteur de Louis Segond, utilise le mot « **Renouvellement** » plutôt que « **régénération** », le mot d'origine en grec ancien est bien le même !!!

2- Histoire

C'est principalement dans le monde grec que fleurit la doctrine de la réincarnation et de la « métempsycose ». En grec, « métempsycose » signifie donc « **transmigration des âmes** ».

Dans cette doctrine, l'âme poursuit son évolution d'existence en existence humaine (réincarnation), et peut éventuellement s'incarner dans un animal ou un végétal (métempsycose).

C'est vers le Ve siècle av. E. que cette croyance apparaît dans le monde grec. Son origine n'est pas connue avec certitude. On n'en trouve pas trace chez Homère (VIIIe siècle av. E) ou Hésiode (VIIe siècle av. E), il est donc peu probable qu'elle provienne du passé mythique grec. Pour l'historien grec Hérodote (Ve siècle av. E), la croyance en la « métempsycose » serait d'origine égyptienne. Il est possible que la croyance en la réincarnation ait été inspirée par l'hindouisme. Les contacts entre la Grèce et l'Inde ont cependant été longtemps compliqués par le fait que la Perse, ennemi héréditaire des Grecs, se trouvait entre les deux civilisations (c'est tard, avec les conquêtes d'Alexandre le Grand, en 326 av. E, que le monde grec et le monde indien ont été en contact soutenu)[8].

La réincarnation a généralement un double objectif : soit de rattraper une faute commise dans une vie antérieure, soit de créer un nouvel état de plus haute perfection personnelle.

La réincarnation, comme on le conçoit à ce jour, vient de philosophes grecs, Pythagore et Platon, qui adoptèrent la définition de la

---

[8] Tiré du site : https://fr.wikipedia.org/wiki/Réincarnation

réincarnation par « la métempsycose », mais on la retrouve également dans l'Égypte antique, dans l'Afrique subsaharienne et en Extrême-Orient (Hindouisme, Jaïnisme, Bouddhisme, Sikhisme, Yézidisme).

« Il est fort probable que la métempsycose ait été empruntée par Pythagore aux orphiques[9] (VIIᵉ siècle av. E). Les orphiques ont été influencés par les rituels égyptiens. En revanche, les premiers témoignages sur Pythagore ne font pas mention de punition des âmes dans l'Hadès et il faut attendre la seconde moitié du Vᵉ siècle av. E pour voir surgir de telles allusions. »[10]

---

[9] La doctrine orphique est une doctrine de salut marquée par une souillure originelle ; l'âme est condamnée à un cycle de réincarnations dont seule l'initiation pourra la faire sortir, pour la conduire vers une survie bienheureuse où l'humain rejoint le divin. On entrevoit cette eschatologie à travers une littérature poétique apocryphe hellénistique, voire néoplatonicienne, conservée sous le nom d'Orphée. Orphisme — Wikipédia (wikipedia.org)

[10] Tiré du site https://www.laviedesclassiques.fr/chroniques/pythagore-le-veritable/pythagore-le-veritable-pythagore-et-la-metempsycose

a- La kabbale (Loi orale juive)

La Kabbale ou « Cabbale » est une tradition ésotérique du judaïsme, présentée comme la « Loi orale et secrète » donnée par YHWH (Dieu) à Moïse sur le mont Sinaï, en même temps que la « Loi écrite et publique » (la Torah). Elle trouve sa source dans les courants mystiques du judaïsme synagogal antique. Elle admet la **métempsycose**, qu'elle appelle « Guilgoul ».

Dans le *Sefer ha-Bahir* (ou livre de la Clarté) son texte le plus ancien, qui date de la fin du XIIe siècle, la kabbale, tient déjà **la transmigration** pour acquise...

Au XIIIe siècle, **la transmigration** était considérée comme une doctrine ésotérique...

La généralisation du concept de transmigration, initialement limitée au châtiment de péchés particuliers, contribua à l'apparition de la croyance en une transmigration dans les animaux, voire dans les plantes et dans les matières inorganiques. Ce point de vue, contesté par de nombreux kabbalistes, ne s'est répandu qu'après 1400.

La transmigration dans les corps d'animaux est mentionnée pour la première fois dans le Sefer ha-Temunah, qui est issu d'un groupe proche des kabbalistes de Gérone, datant du XIIIe au XIVe siècle.

Le Rabbi Isaac Ashkenazi Louria, grand maître kabbaliste de Safed au XVIe siècle, reconnut un jour, selon ses deux principaux disciples, Hayyim Vital et son fils, l'âme d'un père incestueux dans le corps d'un grand chien noir...[11]

---

[11] Tiré de https://fr.wikipedia.org/wiki/Métempsycose

b- L'hindouisme

La trace la plus ancienne de la Métempsycose viendrait de l'Inde, des textes védiques datant du XVIe siècle Av. E. et de la religion brahmanique datant du VIe siècle Av. E., qui découle du Veda[12]

Il est à noter que certains exégètes réfutent l'idée que la réincarnation soit originaire des Védas. Elle serait plutôt une source postérieure et serait introduite par la suite dans la religion brahmanique :

« L'idée de la réincarnation n'est pas issue de la période védique (mais de la Préhistoire indienne, selon la chronologie de l'hindouisme), et existait déjà auparavant, au sein de l'Inde aborigène. »[13]

« La réincarnation dans l'hindouisme est en fait un héritage de la culture dravidienne [14]. Ainsi l'hindouisme, dans son sens le plus commun, est le fruit d'un mélange de croyances et de cultures. »[15]

Cette jonction entre ces peuplades date du XVIIe et XVIe siècle Av. E.

---

[12] Véda veut dire « Connaissance ». Les Védas sont les plus anciens textes religieux au monde, datant du 16e siècle avant notre ère.

[13] Le yoga, immortalité et liberté, Mircea Eliade, éditions Payot

[14] Le terme « dravidien » est construit sur le mot sanscrit « drâvida », qui désigne le peuple occupant le sud de l'Inde et plus particulièrement l'extrême sud ; utilisé pour désigner les différents peuples non aryens et non himalayens en Inde. Nommé comme la civilisation de l'Indus, la plus ancienne civilisation de l'Inde qui a laissé au Ve millénaire av. notre ère des traces dans des villes archaïques d'Harappa et de Mohenjo-Daro.

[15] Tiré de http://www.buddhachannel.tv/portail/spip.php?article501

Le Véda serait né de ce mélange de peuplades venant principalement de l'Iran (ancienne Perse), lors de son expansion territoriale.

Le nord (Aryen) est essentiellement carnivore, tandis que le sud (Dravidien) est essentiellement végétarien et vénère le culte de la vache.

L'hindouisme défend la **métempsycose**, la loi du karma. Il croit à la métempsycose : l'âme individuelle (âtman) doit se fondre dans l'Âme cosmique, dans le Brahman immanent et absolu, afin de se dégager du cycle des renaissances (samsâra).

La Bhagavad-Gîtâ (II, 22) présente ainsi la **transmigration des âmes** : « À la façon d'un homme qui a rejeté des vêtements usagés et en prend d'autres, neufs, l'âme incarnée, rejetant son corps, usé, voyage dans d'autres qui sont neufs. »

Selon swâmi Dayânanda Sarasvatî, « en punition des péchés physiques, un homme renaîtra sous forme végétale ; pour les péchés de la parole, il prendra la forme d'un oiseau ou d'un quadrupède ; et, pour les péchés de la pensée, il vivra dans les conditions humaines les plus basses »[16].

L'élément intéressant à retirer de cette partie de l'histoire de l'hindouisme, c'est que le concept de la réincarnation trouverait sa source dans une civilisation très ancienne, disparue aujourd'hui, la civilisation de l'Indus (V^e millénaire Av. E).

---

[16] (Satyârtha-prakâsha — La Lumière de la Vérité, 1865, trad., Adrien-Maisonneuve, 1940, p. 335).

Il est vraisemblable que la définition de la réincarnation dans cette civilisation perdue de l'Indus était plus proche de la « Palingénésie » (renaissance) que de la « métempsycose » (déplacement d'âme).

La définition de la réincarnation a évolué dans le temps et ce concept a été influencé par la pensée véhiculée à l'époque d'Alexandre le Grand (IVᵉ siècle av. E). Le concept de l'immortalité de l'âme n'y est pas étranger.

Représentation de la passation de l'âme chez les hindous

c- Le Bouddhisme

Le Bouddhisme serait plus récent que l'hindouisme. Le fondateur du bouddhisme est le Bouddha, Siddhartha Gautama, Prince d'un petit royaume en Inde. Il vécut entre le VIe et le IVe siècle Av. E.

Le bouddhisme croit plutôt à la « **métensomatose** » soit au passage d'un corps à un autre, et non d'une âme qui va d'un corps à un autre : c'est en effet une religion où l'âme n'existe pas, et où le moi n'est qu'illusion de l'identité individuelle qui « s'éteint » dans la vacuité ; cela dit, des éléments psychiques transmigrent, comme on pourrait le voir dans certains caractères (physiques ou psychiques) venus des parents jusqu'aux enfants, dans le phénomène lamaïste des tulku, appelés improprement « réincarnations » d'un lama.

Le mot « métensomatose » vient du grec « métensomatosis », qui signifie « Déplacement du corps ». [17] On y trouve la particule « meten » qui se traduit par « méta » et « somatose » par « corps ».

Les écrits bouddhiques utilisent en fait le mot de « punarbhava « un concept sensiblement différent de celui de réincarnation, et que l'on peut traduire par « renaissance ». La métensomatose évoque le passage d'un corps à un autre, avec des éléments de l'ancien corps qui pourraient être transmis au nouveau.

Le terme de « transmigration de l'âme » vient donc de la croyance en la « métempsycose » propre à l'Hindouisme : elle diffère du Bouddhisme qui croit en une transposition du corps vers un autre corps, la « métensomatose ».

---

[17] Tiré de https://fr.wikipedia.org/wiki/Métempsycose

d- Les autres grandes religions

En général, ce sont les religions polythéistes qui prônent la réincarnation, les autres religions comme l'**Islam** ne croit pas en la réincarnation, du moins pas la branche principale (Sunnite). Certains courants chiites et soufis y croient.

La **chrétienté** ne croit pas non plus en la réincarnation telle que décrit par les Grecs « Métempsychose » :

« Pour le chrétien ... le salut est le passage dans une "autre dimension d'être", que l'apôtre Paul appelle "le corps spirituel". Alors que **dans la réincarnation, le salut, c'est de finir par disparaître, pour le chrétien, protestant ou non, le salut consiste à vivre dans la communion avec "la Source" de la vie, dans cette vie déjà, communion qui ne cessera pas avec la mort »**. Extrait du livre du Pasteur Heinz Birchmeier : Les chrétiens doivent-ils croire à la réincarnation ?

3- Qu'est-ce que l'âme ?

Je voudrais attirer votre attention sur un point important du christianisme : l'âme ! Cette mauvaise compréhension de l'âme tronque la parole de Dieu et, de ce fait, voile le « message » de Dieu.

> **Genèse 2:7**
>
> **« L'Eternel Dieu forma l'homme de la poussière de la terre, il souffla (Naphach) <05301> dans ses narines un souffle (Néshamah) <05397> de vie (Chay) <02416> et l'homme devint un être (nephesh) <05315> vivant (Chay) <02416>. »**

Néshamah (05397)[18] ou **Naphach** (05301) : Souffle

Chay (02416) : Vie ou vivant

Nephesh (05315) : Âme ou être

D'après ce verset, le mot « âme » se rapporte au mot hébraïque « Nephesh », tandis que le « souffle de vie » se rapporte à « Néshamah » ou « Naphach » qui se traduit littéralement par « souffle ».

Le mot en Hébreux « Nephesh » se rapproche phonétiquement très fort de « Naphach ».

---

[18] Strong : numéro apposé à côté de chaque mot dans le texte sacré qui sert de base pour la traduction (d'après James Strong, théologien, auteur de ce procédé). Je prends comme référence les strongs de la version de Louis Segond, qui reprend chaque mot original soit hébraïque, soit grec, ayant servi de traduction en langue vernaculaire.

La particularité de l'âme, c'est qu'elle apparaît après le souffle de vie. L'un (naphach) donne à l'autre (nephesh) son existence. Ce qui veut dire que l'âme ne peut exister que si le souffle de vie est donné. Néshamah associé à Nephesh devient un vivant « Chay » ; le souffle associé à l'âme devient donc un respirant.

Tout être sur terre devient un respirant. Cela comprend les animaux comme les humains.

Il y a, à mon sens, une déviation étymologique du terme hébraïque Nephesh (âme) à celui de Néshamah (souffle).

L'âme telle que définie ici ne peut exister indépendamment de son souffle. L'âme est la partie charnelle animée qui respire. L'âme est le corps avec sa substance invisible (Néshamah ou Rouah) qui nous habite. A la mort de l'âme, le souffle quitte le corps (basar) et transforme l'âme en corps mort (Nebelah).

Ce qui a appuyé cette compréhension vient d'un autre verset de la Bible qui dit :

> **Genèse 2 :17**
> **« Et moi, je vais faire venir le déluge d'eaux sur la terre, pour détruire toute chair (basar) <01320> ayant souffle (ruwah) <07307> de vie (chay) <02416> sous le ciel ; tout ce qui est sur la terre périra. » Louis Segond (Lsg)**

Le strong 01320 **basar** (baw-sawr') veut dire Chair ou corps en hébreu. En grec, c'est le mot **Sarx**.

Le strong 07307 **ruwach** (roo'- akh) (rouah) veut dire Souffle ou Esprit en hébreu et en grec **Pneuma**.

Un rapprochement se fait entre le mot hébreu Néshamah et Ruwach.

> **Psaume 78:39**
>
> **« Il se souvenait qu'ils étaient chair (basar) <01320>, que l'esprit (ruwah) <07307> sort et ne revient pas. »**
>
> **Genèse 6:3**
>
> **« Alors l'Éternel dit : Mon esprit (ruwah) <07307> ne restera pas à toujours dans l'homme, car l'homme n'est que chair (basar) <01320>, et ses jours seront de cent vingt ans. »**
>
> **Matthieu 20:28**
>
> **« C'est ainsi que le Fils de l'homme est venu, non pour être servi, mais pour servir et donner sa vie (psuche) <5590> comme la rançon de plusieurs. »**
>
> Strong 5590 **psuche** (psoo-khay') Âme, en grec

Un verset inquiétant et qui perturbe la bonne compréhension de l'âme :

> **Matthieu 10:28**
>
> **« Ne craignez pas ceux qui tuent le corps (soma) <4983> et qui ne peuvent tuer l'âme (psuche) <5590> ; craignez plutôt celui qui peut faire périr l'âme (psuche) <5590> et le corps (soma) <4983> dans la géhenne. »**

Ce verset fait la distinction entre le corps et l'âme alors que l'âme telle que définie dans les différents versets hébraïques inclut le souffle de vie et le corps. Il y a donc confusion dans sa compréhension.

Il aurait été plus juste d'écrire le strong <4151> (pneuma) qui veut dire Esprit plutôt que le strong <5590> (psuche) qui veut dire âme :

> « Ne craignez pas ceux qui tuent le corps et qui ne peuvent tuer **le souffle de vie** (ou **l'Esprit (pneuma) <4151>**) ; craignez plutôt celui qui peut faire périr **le souffle de vie (ou l'Esprit (pneuma) <4151>)** et le corps dans la géhenne. »

> Le Strong 4151 **Pneuma** se définit comme le Souffle de vie ou Esprit en grec, Rouah ou **ruwah** en hébreu.

Dans ce verset, nous retrouvons une déviation de la compréhension de l'être tel que défini en hébreu. L'influence hindouiste avait déjà marqué les esprits à l'époque d'Alexandre le Grand (IVe siècle av. E) qui eux-mêmes, à leur tour, ont influencé durablement cette compréhension de l'âme dans l'Esprit de tout un chacun.

Socrate, Platon et Plotin définissent l'âme comme la partie invisible de l'être qui retourne à Dieu dès que le vivant ou le respirant meurt.

Aristote (IVe siècle av. E), dont Alexandre le Grand fut le disciple, apporte une tout autre compréhension de ce qu'est l'âme. Il englobe dans l'âme, Psuké, « le principe de quatre fonctions qui sont la faculté de **se nourrir** et de se développer, celle de **percevoir**, celle de **penser**, celle de **se mouvoir** localement »[19]. Pour lui, l'âme ne peut exister sans la pensée puisqu'elle englobe en elle cette spécificité qu'est le souffle de vie, car l'être (Psuké) vit, bouge, perçoit, se meut et le

---

[19] Michel Crubellier et Pierre Pellegrin, Aristote. Le philosophe et le savoir. Paris : Seuil, 2002, p268.

second élément qu'est la chair a besoin de se nourrir. Sans cela, l'âme ne peut exister. Nous en revenons à cette compréhension de l'âme reprise en Genèse 2:7, décortiquée précédemment.

Si je me réfère à un autre penseur, plus proche de notre civilisation, qu'est Descartes, penseur français du XVIIe siècle, il y aurait chez lui une même approche que Platon sur l'âme. Pour Descartes, l'âme est une partie de l'être et les animaux n'en auraient pas. J'en déduis que Descartes serait plus proche de la Métempsycose qu'Aristote.

Si nous devions simplifier cette approche philosophique et sémantique de Psuké, il viendrait de dire que pour Descartes et Platon, l'âme serait un élément de l'être tandis que pour Aristote, il serait l'être. Pour Platon et Descartes, l'homme **a une âme** que n'ont pas les animaux, tandis que pour Aristote, l'homme **est une âme** au même titre qu'un animal.

Ce qui ressort de ces courants de pensée est problématique, car la compréhension du mot Psuké, âme, jette la confusion dans notre perception de la vie après la mort. C'est bien le souffle de vie (Rouah) qui s'en va et monte au ciel et non l'âme tout entier puisque le corps (Basar) reste en terre et dépérit. Il retourne à la poussière pour continuer le cycle de la vie en devenant un substrat qui servira pour le processus de la vie animale, végétale et minérale.

Il n'y a pas de distinction à faire entre Âme, Personne, Animal, Être et Vie. Ces mots sont synonymes de l'âme. Cependant, il faut faire la distinction entre Souffles de vie, Esprit et la Pensée, car ces trois mots ne sont pas des synonymes de l'âme : Ce ne sont que des composants de l'âme.

Si nous nous référons aux différentes compréhensions ci-dessus, la conclusion serait que l'être est « Nephesh - Psuké » et englobe en lui le souffle de vie qu'est « Rouah - Pneuma » ou « Neshamah ». Seul le souffle retourne à Dieu, tandis que le corps « Basar » retourne à la terre. L'âme « Nephesh » n'est plus s'il perd son souffle « Rouah – Neshamah ». S'il est sans souffle, il est chair « Basar » morte ou corps mort (Nebelah).

Pour clôturer ce chapitre : « Neshamah - souffle » avec « Basar – chair » devient « Nephesh – âme vivante ».

Tout est dit, c'est une nuance qu'il fallait apporter !

4- Qu'est-ce que la résurrection ?

La résurrection se définit comme étant le retour de la mort à la vie. Il existe trois exemples de résurrections connus dans le canon biblique ; celui de Lazare (Jean 11:43), de la fille de Jaïrus (Matthieu 9:18) et du fils de la veuve (Luc 7:14).

Ces trois passages font bien mention d'une résurrection. Cela démontre, et c'était le but, que Dieu est capable de ressusciter les morts. Jésus a, au travers de ces trois exemples, démontré la puissance du Dieu suprême, mais il précisera en

Marc 12:25

« Car, à la résurrection des morts, les hommes ne prendront point de femmes, ni les femmes de maris, mais <u>ils seront comme les anges dans les cieux.</u> »

Dans ce verset, Jésus précise que la résurrection n'est pas terrestre, mais bien céleste. Jésus appuie, par ces exemples visuels, que la résurrection soit possible pour Dieu. Il fallait le montrer pour les sceptiques qui ne voient qu'avec les yeux et non avec le cœur et l'esprit.

Il existe bien des passages qui peuvent faire penser au lecteur que la Parole de Dieu renferme ce concept de la réincarnation.
Voici les **trois versets** s'y rapportant et qui pourraient laisser supposer l'existence de la réincarnation :

1-   Genèse 3:22

« L'Éternel Dieu dit : Voici, l'homme est devenu comme l'un de nous, pour la connaissance du bien et du mal. Empêchons-le maintenant d'avancer sa main, de prendre de l'arbre de vie, d'en manger, et de <u>vivre éternellement</u>. » (Voir chapitre suivant).»

Selon le verset, il existerait un autre arbre qui se différencie de l'arbre de la connaissance du bien et du mal qu'est l'arbre de vie. En se référant à la lecture du livre d'Enoch[20], l'arbre de la connaissance du bien et du mal est un arbre symbolique qui représente la connaissance. L'expression « Manger » est comparable à se nourrir, à ingurgiter, à assimiler des informations dans notre esprit. Ne dit-on pas couramment dans notre langage « nourrir l'esprit de quelqu'un » ?

Ce fruit défendu représentait en réalité un savoir qui pouvait être dangereux pour l'homme. Il renfermait un savoir qui pouvait être bien et mal. Enoch met l'accent sur la connaissance de l'écriture, de la médecine, de l'astronomie, des matières du sol transformables comme le fer et l'or, etc. Toutes connaissances qui ont fait de l'être humain un être supérieur. Mais comme il est dit de l'arbre, cette connaissance est bien et mal. Est-il bon pour l'homme de connaître toutes ces choses ? L'homme était-il apte à maîtriser cela alors que même les divins maîtrisent difficilement cette connaissance ? La suite de notre évolution en témoigne.

L'arbre de Vie, qui symbolise l'éternité, aurait été le moyen pour l'être humain d'acquérir la vie éternelle, mais était-ce pour vivre en chair indéfiniment sur terre ou une tout autre

---

[20] Enoch, Arrière-grand-père de Noé, a écrit un livre portant son nom entre le IIIe et le premier siècle Av. Ère, écrit en hébreu et en Araméen. Livre rejeté par les pères de l'Église et retrouvé dans les grottes de Qumran en l'an 1947.

manière de vivre, une sorte d'évolution de l'être vers une vie différente ? La réponse nous vient de Jésus qui témoigne d'une vie différente que celle sur terre, puisqu'il est le chemin qui mène à cette autre vie. En tout cas ce verset n'appuie en rien une éventuelle réincarnation de l'être et ne s'accorde pas avec le reste des écrits.

2-   **Job 33 :28-30**

« Dieu a délivré mon âme pour qu'elle n'entrât pas dans la fosse, et ma vie s'épanouit à la lumière ! Voilà tout ce que <u>Dieu fait, deux fois, trois fois, avec l'homme, pour ramener son âme de la fosse</u>, pour l'éclairer de la lumière des vivants. »

Le contexte appuie l'idée que Dieu délivre de la mort celui qui l'écoute et non le ramène à la vie comme voudrait le faire penser celui qui appuie l'idée de la réincarnation. C'est ce que mentionne :

Job 33 :15-18

« Il (Dieu) parle par des songes, par des visions nocturnes, quand les hommes sont livrés à un profond sommeil, quand ils sont endormis sur leur couche. »

Alors, il leur donne des avertissements et met le sceau à ses instructions, afin de détourner l'homme du mal et de le préserver de l'orgueil, afin de garantir son âme de la fosse et sa vie des coups du glaive.

3- Mathieu. 17:12, 13

> « Mais je vous dis qu'Elie est déjà venu, qu'ils ne l'ont pas reconnu, et qu'ils l'ont traité comme ils ont voulu. De même le Fils de l'homme souffrira de leur part. Les disciples comprirent alors qu'il leur parlait de Jean-Baptiste. »

Jean 1:21

> « Et ils lui demandèrent : quoi donc ? <u>Es-tu Elie ? Et il dit : Je ne le suis point.</u> Es-tu le prophète ? Et il répondit : Non. »

Qu'en est-il vraiment ? Eli est-il Jean le Baptiste ?

Si nous comprenons le sens des paroles de Jésus repris dans ces versets mentionnés, Jean le Baptiste n'est pas Elie, mais représente sa personnalité et le rôle d'Elie.

Le livre des Hébreux renferme une réflexion intéressante qui s'oppose à l'idée que la plupart des personnes se font sur la vie après la mort :

Hébreux 9:27-28

> « Et comme il est réservé aux hommes de mourir une seule fois, après quoi vient le jugement, de même Christ, qui s'est offert une seule fois pour porter les péchés de plusieurs, apparaîtra sans péché une seconde fois à ceux qui l'attendent pour leur salut. »

La mention de mourir une seule fois est sans ambiguïté dans ce livre de l'Évangile. Sa seconde venue est en Esprit.

Si nous considérons la réincarnation d'un point de vue scriptural, le passage de Matthieu 19:28 et de Tite 3:5, repris précédemment (page 18), confirme une déviation de la pensée première de la réincarnation qui devrait se définir comme « régénération » ou « renouvellement ». Si on accepte cette idée, alors le lien entre la religion bouddhique, hindouiste et chrétienne est permis grâce à l'origine du mot réincarnation, par son étymologie « PALINGENESIE » (renaissance, nouvelle naissance, renouvellement) qui est renfermée à deux reprises dans les écrits de l'évangile et qui mentionne bien un renouvellement de personnalité d'un point de vue symbolique par le baptême dans l'Esprit et d'un point de vue littéral par la résurrection après la mort sans chair ou sans enveloppe charnelle, mais faite essentiellement d'énergies pures et cohérentes.

La résurrection de Lazare par Peter Paul Rubens (1577-1640), huile sur toile

Chapitre 2ème

L'ÉTERNITÉ
(AIONIOS)

1. Étymologie

2. OWLAM, prononciation hébraïque : « Eternité »

3. AIONIOS, prononciation grecque : « Eternité »

4. Le tétragramme YHWH traduit par « Eternel » ou « Seigneur »

5. L'Éternité, au travers des traces laissées dans notre vie

1- Étymologie :
Éternité

Le sens premier du terme Éternité vient du grec AIONIOS ou de l'hébreu OWLAM

Définition du dictionnaire de l'internaute :

Éternité, nom féminin

Sens 1

Durée qui n'a ni début ni fin.

Synonyme : infini

Sens 2

Durée qui semble extrêmement longue.

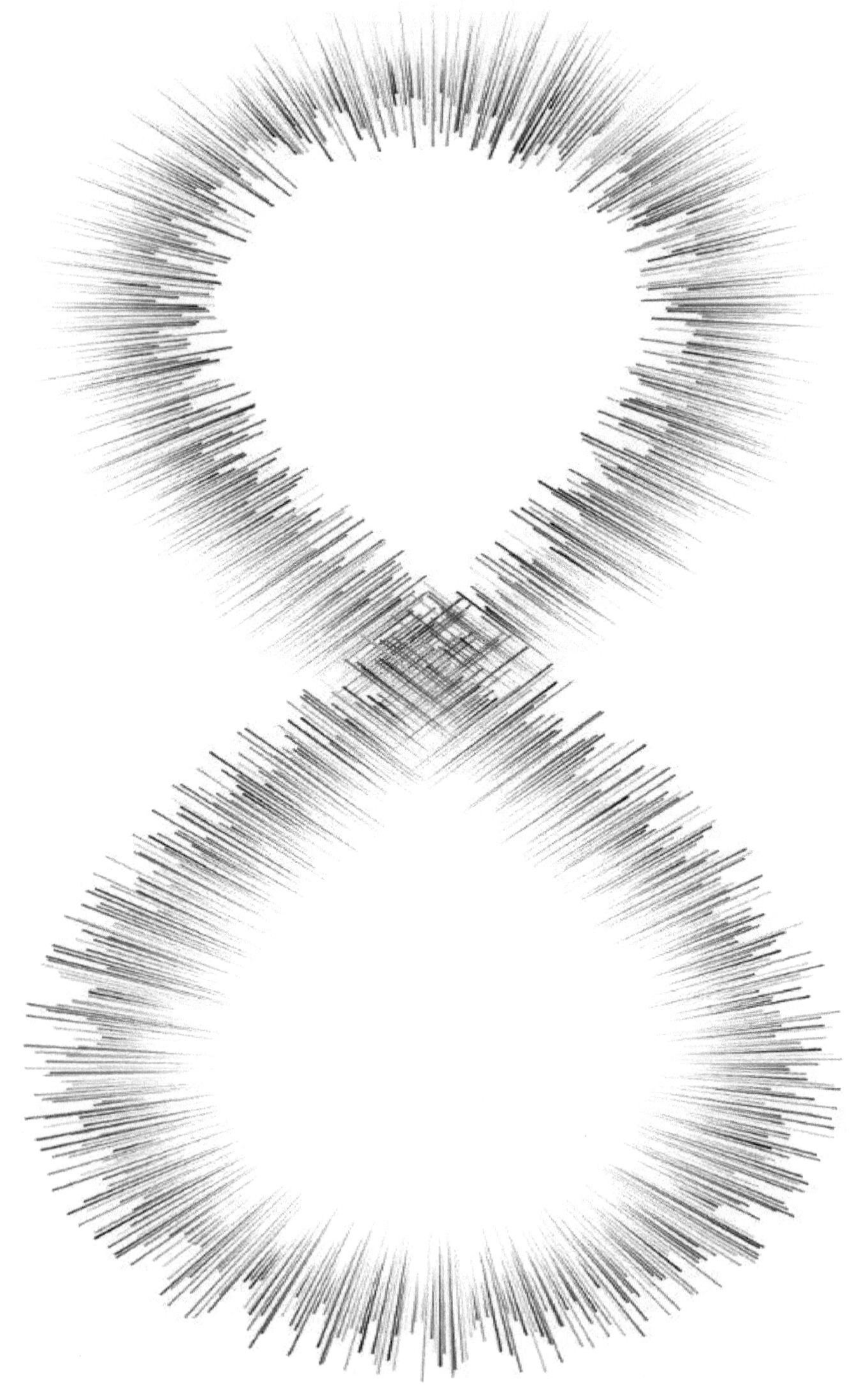

2- OWLAM,
Prononciation hébraïque : « Eternité »

Il existe en hébreu le mot « éternité » : Owlam. À chaque fois qu'une expression va dans le sens d'éternité dans les écrits hébraïques, il est fait mention d'un « temps indéfini ». Ce qui veut dire que le temps n'est pas compté, car il est long mais ne veut pas dire que le temps n'aura jamais de fin.

En hébreu, le mot « éternité » ou « temps indéfini » est

עוֹלָם ('owlam) (Strong 05769) repris dans plusieurs versets de l'Ancien Testament comme en Genèse 9:12 & 16 où Dieu conclut une alliance avec les humains, représentée par l'arc-en-ciel :

> **Genèse 9:12**
> **« Et Dieu dit : C'est ici le signe de l'alliance que j'établis entre moi et vous, et tous les êtres vivants qui sont avec vous, <u>pour les générations à toujours</u> (owlam). »**

> **Genèse 9:16**
> **« L'arc sera dans la nue ; et je le regarderai, pour me souvenir de l'alliance perpétuelle (owlam) entre Dieu et tous les êtres vivants, de toute chair qui est sur la terre »**

Le terme utilisé est bien עוֹלָם ('owlam) (Strong 05769).

Est-ce que cela veut dire que l'alliance faite entre Dieu et les humains n'aura pas de fin ? Nullement, car cette alliance est régie de conditions. C'est le propre d'une alliance, sans quoi ce ne serait pas une alliance.

Voici ce que mentionne le verset de :

Deutéronome 7:9

« Sache donc que c'est l'Éternel, ton Dieu, qui est Dieu. Ce Dieu fidèle garde son alliance et sa miséricorde jusqu'à la millième génération envers ceux qui l'aiment et qui observent ses commandements. »

Les conditions sont de l'aimer et de garder ses commandements !!!

Le Psaume 105:08 à 11 mentionne également le terme owlam :

Psaume 105:08

« Il se rappelle à toujours (owlam) son alliance, ses promesses pour <u>mille générations</u>, l'alliance qu'il a traitée avec Abraham, et le serment qu'il a fait à Isaac ; il l'a érigée pour Jacob en loi, pour Israël en alliance éternelle (owlam), disant : je te donnerai le pays de Canaan comme héritage qui vous est échu. »

Le psaume 105:8 mentionne un temps de mille générations (symbole d'un temps non défini et symbolique). La terre promise que Dieu donna aux israélites ne dura pas de façon illimitée puisque l'histoire atteste que cette terre fut détruite en 587 Av. E., dévastée par les Babyloniens et abandonnée aux animaux sauvages (voir 2 Rois 25:8-

11). Cette situation est comparable à un contrat à durée indéterminée (CDI), mais qui peut se terminer par la pension, la maladie, changement d'emploi, ou par la mort.

De nos jours, cette terre est toujours en possession d'étrangers puisque le peuple juif actuel se bat pour récupérer cette possession perdue.

Actuellement, les israélites tentent de récupérer leur terre promise mais en vain car Dieu les a abandonnés comme c'est mentionné en

Luc 13:34-35

« Jérusalem, Jérusalem, qui tues les prophètes et qui lapides ceux qui te sont envoyés, combien de fois ai-je voulu rassembler tes enfants, comme une poule rassemble sa couvée sous ses ailes, et vous ne l'avez pas voulu ! Voici, votre <u>maison vous sera laissée</u> ; mais, je vous le dis, vous ne me verrez plus, jusqu'à ce que vous disiez : <u>Béni soit celui qui vient au nom du Seigneur !</u> »

Les israélites qui n'ont pas reconnu leur Dieu « YHWH » en la présence de Jésus, ont perdu l'accès à Dieu en demeurant dans l'ignorance.

Un autre passage appuie encore cette idée du temps indéfini, mais qui a eu une fin, c'est en :

Isaïe 45:17

« C'est par l'Éternel qu'Israël obtient le salut, <u>un salut éternel (owlam)</u> ; Vous ne serez ni honteux ni confus, <u>jusque dans l'éternité (owlam).</u> »

Ce peuple « Israël » a perdu la bénédiction de leur Dieu et connaît depuis la honte et la haine des nations qui l'entourent.

3- AIONIOS,
Prononciation grecque : « Eternité »

Le terme « Aionios » (éternité ou éternel) se retrouve également dans la version grecque du Nouveau Testament. Dans l'épitre de Jean, on le retrouve en particulier en :

Jean 6:54

« Celui qui mange ma chair et qui boit mon sang a la vie éternelle (aionios) ; et je le ressusciterai au dernier jour. »

Si nous décortiquons ce verset, on retrouve deux éléments qui pourraient se contredire : La vie éternelle et la résurrection. Comment peut-on vivre éternellement avec la pensée de vie sans fin et devoir connaître la résurrection par la suite ? Il y a une ambiguïté dans ce passage si on garde à l'esprit que l'éternité est sans fin. Si cela devait être le cas, il ne serait pas nécessaire de ressusciter ! Il faut donc bien comprendre que l'expression « éternité » est à prendre au sens de vie présente et non au sens de vie future sans fin.

Le terme « éternité » peut se comprendre par le fait de ne plus être considéré par Dieu de pécheur et donc contraint d'être encore sous la Loi mosaïque. Plusieurs versets vont dans ce sens.

Prenons par exemple le passage de Jean en :

Jean 5:24

« En vérité, en vérité, je vous le dis, celui qui écoute ma parole, et qui croit à celui qui m'a envoyé, a la vie éternelle

(aionios) et ne vient point en jugement, mais il est passé de la mort à la vie »

Ce passage appuie l'idée que nous sommes morts avant même de mourir physiquement. Jésus fait mention de notre condition de pécheur. Son sacrifice correspond aux sacrifices d'animaux que faisaient les Hébreux chaque année à la Pâque juive. La Loi était là pour faire prendre conscience de notre état de pécheur, selon la lettre de Paul aux Romains écrite par Paul, en :

> **Romains 5:20-21**
> **« Or, la loi est intervenue pour que l'offense abondât, mais là où le péché a abondé, la grâce a surabondé, afin que, comme le péché a régné par la mort, ainsi la grâce régnât par la justice pour la vie éternelle, par Jésus-Christ notre Seigneur. »**

Jésus a bien remplacé le rituel du sacrifice annuel fait lors de la Pâque juive et devient la clé de voute de la vie éternelle par un sacrifice constant qui enlève le péché du monde.

Et pour confirmer le verset de Jean 6:54 mentionné précédemment, on peut citer :

> **1 Jean 1:29**
> **« Le lendemain, il vit Jésus venant à lui, et il dit : <u>voici l'Agneau de Dieu</u>, qui ôte le péché du monde. »**

La vie éternelle biblique est donc une expression de la vie spirituelle que chaque personne vit si elle comprend le sacrifice de Jésus. La promesse ultime est de vivre après notre mort physique, une vie immortelle sans la chair auprès de Dieu.

Jésus, dans les écrits grec-chrétiens, expliquera à Nicodème le processus pour acquérir la vie éternelle, au chapitre 3 de l'épitre de Jean :

Jean 3:1-16

« Or il y avait un homme d'entre les pharisiens, nommé Nicodème, qui était un chef des Juifs. Il vint vers Jésus de nuit, et lui dit : Rabbi, nous savons que tu es un docteur venu de la part de Dieu ; car personne ne peut faire ces miracles que tu fais, si Dieu n'est avec lui. Jésus répondit et lui dit : en vérité, en vérité je te le dis, <u>si quelqu'un ne naît d'en haut, il ne peut voir le royaume de Dieu.</u>

Nicodème lui dit : comment un homme peut-il naître quand il est vieux ? Peut-il rentrer dans le sein de sa mère et naître ? Jésus répondit : en vérité, en vérité je te le dis, <u>si quelqu'un ne naît d'eau et d'Esprit, il ne peut entrer dans le royaume de Dieu.</u> Ce qui est né de la chair est chair, et ce qui est né de l'Esprit est esprit. Ne t'étonne point de ce que je t'ai dit : <u>Il vous faut naître d'en haut.</u> Le vent souffle où il veut, et tu en entends le bruit ; mais tu ne sais d'où il vient, ni où il va. Il en est de même de quiconque est <u>né de l'Esprit.</u> Nicodème répondit et lui dit : comment ces choses peuvent-elles se faire ? Jésus répondit et lui dit : Tu es le docteur d'Israël, et tu ne connais pas ces choses ! En vérité, en vérité, <u>je te dis que ce que nous savons, nous le disons ; et ce que nous avons vu, nous en rendons témoignage ; et vous ne recevez point</u>

notre témoignage. Si je vous ai parlé des choses terrestres, et que vous ne croyiez pas, comment croirez-vous, si je vous parle des choses célestes ? Et personne n'est monté au ciel, si ce n'est celui qui est descendu du ciel, le Fils de l'homme qui est dans le ciel. Et comme Moïse éleva le serpent dans le désert, de même il faut que le Fils de l'homme soit élevé ; afin que quiconque croit en lui ne périsse point, mais qu'il ait la vie éternelle. Car Dieu a tellement aimé le monde, qu'il a donné son Fils unique, afin que quiconque croit en lui ne périsse point, mais qu'il ait la vie éternelle. »

Le baptême d'eau et de l'Esprit saint sont nécessaires pour acquérir la vie éternelle.

L'éternité, comme mentionnée précédemment, est la vie présente sans défaut aux yeux de Dieu, grâce au sacrifice ultime offert par Dieu en la présence de Jésus. La prise de conscience de son état de pécheur est importante. Elle permet un accès aux choses célestes, comme le mentionne Jésus à Nicodème. L'Esprit souffle en celui qui est agréé de Dieu une vision claire du ciel et du royaume de Dieu. Sa compréhension du divin est claire et lui permet de comprendre les saints secrets des livres sacrés.

Jésus a accédé à sa condition divine peu après son baptême, organisé par Jean le Baptiste.

Comment donc comprendre ce qu'est la vie éternelle après tous ces versets ?

La physique quantique peut nous aider à le comprendre…

En physique quantique, le passé et le futur n'existent pas. Ce qui compte, c'est l'instant continuellement renouvelable selon notre incidence sur l'expérience. Ce qui s'est produit n'est plus et ce qui peut se produire n'est pas encore et est peu probable. Ce qui compte, c'est l'instant. Il en est de même avec l'éternité.

L'éternité se définit comme n'ayant ni commencement ni fin ; ni passé ni futur. Dieu est omniprésent, ce qui veut dire qu'il est partout à la fois. Il est même en nous.

Ce n'est pas parce que nous pouvons vivre éternellement que nous nous réincarnons. La compréhension de l'éternité telle que perçue par différents versets bibliques démontre que la vie est possible dans une autre forme que celle que nous connaissons sur terre. Il ne fait mention aucune fois de renouvellement de l'âme, mais bien d'une transformation de notre condition d'être fait de chair vers un être fait de lumière. Nous pouvons vivre éternellement cette condition, comme nous pouvons la perdre. Cela dépendra de soi.

L'éternité telle que définie par les écrits sacrés est donc une condition de vie spirituelle sur terre qui aboutit à une autre vie au ciel après la mort du corps. Il y a plusieurs stades de progression au ciel pour aboutir à l'immortalité (éternité→ immortalité) comme ce fut le cas de Jésus après son ascension.

4- Le tétragramme YHWH traduit par

« Eternel » ou « Seigneur »

Dans beaucoup de traductions, on peut lire que le Dieu d'Israël est appelé « Eternel ».

Si on gratte un peu, on découvre que le tétragramme « YHWH » devrait être écrit à la place de cette appellation « Eternel ». Le strong <03068>, repris de la massorétique[21], Bible de référence des Hébreux, qui mentionne bien le tétragramme :

Yéhovah (yeh-ho-vaw') יהוה

Il faut savoir que le tétragramme a été retiré des écrits originels à cause de la superstition des Juifs. Les Juifs s'interdisent de prononcer le Tétragramme à cause du 3e Commandement : **« Tu n'invoqueras pas le Nom de YHWH ton Dieu en vain » Exode 20:7.**

Cette superstition date probablement du IVe siècle Av. E, lors de l'invasion grecque. La Bible des septante n'était pas encore compilée.[22]

La plupart des Bibles des protestants francophones rendent le Tétragramme par « l'Éternel » dans les écrits hébraïques tandis que d'autres versions bibliques remplacent le tétragramme par « Seigneur » en se basant sur la septante qui a juxtaposé le tétragramme « YHWH » de l'Ancien Testament par « Kurios », qui se

---

[21] La Massorétique, qui date de la fin du Ier siècle av. EC et a servi de base pour la traduction des bibles en langues vernaculaires.

[22] La Bible des septante est la compilation des rouleaux hébraïques, traduite en grec par 72 traducteurs, vers le IIIe siècle Av. E.

traduit par « Seigneur » et qui fait référence à Jésus dans le Nouveau Testament.

Pour compléter cette explication, la Bible que nous connaissons à ce jour provient de plusieurs sources :

De la Massorétique pour la partie hébraïque et du Texte reçu[23] en grec ; ces deux sources ont servi à la traduction de la Bible anglaise de King James[24].

Cet état de fait met le doute dans la compréhension des croyants sur l'éternité et sa signification.

Certains passages traduisent le tétragramme par Éternel et donnent une vision erronée de Dieu comme en Genèse 2:7 :

> **Genèse 2:7**
> **« Et l'Éternel <03068> (YHWH) Dieu <0430> (Elohiym) forma l'homme de la poussière du sol, et il souffla dans ses narines un souffle de vie, et l'homme devint un être animé. »**

Le strong qui fait référence à la massorétique mentionne bien le tétragramme « YHWH » à la place de « l'Éternel ». Il n'est pas fait

---

[23] Le Texte reçu en Grec est le texte byzantin, compilé par Érasme datant du début du 16e siècle et qui a servi aux réformateurs pour traduire en langue vernaculaire la partie grecque des textes sacrés.

[24] La Bible du roi Jacques, en version anglaise : King James, publiée pour la première fois en 1611, est traduite sous le règne de Jacques VI d'Écosse et Ier roi d'Angleterre et a servi pour la traduction de la Bible de Louis Segond de 1910 dont James Strong a introduit les concordances chiffrées (strong) pour une meilleure compréhension de la traduction de nos bibles actuelles.

mention de « OWLAM » qui veut dire « éternel ». Normalement ce verset aurait dû se traduire par :

« Et YHWH Dieu forma l'homme de la poussière du sol … »

Il existe beaucoup de versets qui trompent le croyant à cause de cela et jettent donc la confusion sur la compréhension juste des écrits et de leur signification.

Il existe un seul passage où il est fait mention de « Dieu éternel » dans sa bonne traduction, c'est en Romain 16:26 :

> **Romain 16:26**
>
> **« … manifesté maintenant par les écrits des prophètes, d'après l'ordre du <u>Dieu <2306> (Théos) éternel <166> (aionios), et porté à la connaissance de toutes les nations,</u> afin qu'elles obéissent à la foi, »**

L'apôtre Paul fait certainement allusion dans ce verset à la position de Jésus en tant que Dieu et non au Père de Jésus qui est le Dieu des Dieux et qui n'est pas YHWH, car YHWH est Jésus dans sa position du Dieu des israélites avant sa conversion que Thomas a reconnu comme tel.

> **Jean 20:28**
>
> **« Thomas lui répondit : Mon Seigneur et mon Dieu ! »**

Le Dieu suprême, appelé « Père », par essence, n'est pas éternel, mais immortel :

1 Timothée 1 :17

« Au roi des siècles, immortel <166> (aphthartos), invisible, seul Dieu, soient honneur et gloire, aux siècles des siècles ! Amen ! »

Non seulement Dieu est immortel, mais nous pouvons connaître l'immortalité également.

1 Corinthiens 15:53-54

« Car il faut que ce corps corruptible revête l'incorruptibilité, et que ce corps mortel revête l'immortalité. Lorsque ce corps corruptible aura revêtu l'incorruptibilité, et que ce corps mortel aura revêtu l'immortalité, alors s'accomplira la parole qui est écrite : La mort a été engloutie dans la victoire. »

Il y a des étapes dans le ciel pour accéder à l'immortalité. Au départ, c'est un accès éternel pour se transformer en immortalité par la suite, selon des critères bien définis. L'être spirituel devra devenir incorruptible pour ensuite devenir immortel. Si l'être n'atteint pas l'incorruptibilité, il ne pourra pas accéder à l'immortalité. N'est-ce pas toute la raison de notre passage en ce monde ? Devenir incorruptible ? Jésus en a témoigné et a vaincu ce monde. Il est devenu par la suite immortel.

5- L'Éternité, au travers des traces laissées dans notre vie

J'ai toujours cru que l'éternité était aussi possible au travers les traces que nous laissions à l'humanité, que ce soit par un écrit, un événement historique marquant ou un sur un support visuel ou auditif, mais il n'en est rien, car l'éternité n'est pas le contenu d'un livre, d'une chanson ou de vidéos faites par un individu qui est mort et qui revit à chaque fois que l'on écoute ou visionne ce support. Ce phénomène est appelé « passé figé » ou « éternité éphémère ».

Prenons, pour étayer cette pensée, un exemple, le disque d'or, appelé Voyager Golden Record, qui a été envoyé dans l'espace par la Nasa en 1977, par la navette Voyager, en vue de prendre contact avec une intelligence extraterrestre. Peut-on imaginer un seul instant que ce support mis à la disposition d'un éventuel extraterrestre soit une preuve que nous existons. C'est ce que pourrait penser celui qui écoute, visionne et comprend le contenu de ce disque où sont enregistrés des sons, des séquences filmées et des récits écrits sur notre existence. Certes, ce support révèle que nous existions à un moment donné, mais cela ne peut jamais être une preuve que nous sommes toujours en vie et dans les conditions révélées par le support.

Imaginons que ce disque, envoyé par la Nasa, arrive dans les mains (si celui qui le trouve en possède) d'une intelligence extraterrestre. Est-ce que cela pourrait être une certitude que nous vivons toujours ? Non.

Il se peut que lorsque cet extraterrestre prend possession de ce contenu, que notre race se soit éteinte. Nous serions dès lors une civilisation éteinte, une civilisation du passé. Et même si nous étions toujours en vie, pourrait-on affirmer que ce support soit représentatif de ce que nous sommes au moment où l'extraterrestre prend connaissance du contenu ? En aucun cas, car nous aurions évolué.

Il en est de même avec les traces qui existent des personnes qui ont laissé un support visuel, auditif ou cognitif. Ces traces sont un passé figé d'un moment qui a été et non d'un moment du présent qui vit et qui se renouvelle à chaque seconde comme c'est le cas de l'éternité. Ce support ne sera jamais un mouvement perpétuel, mais bien un passé ayant existé et qui est resté figé dans le temps. Ce passé qui se renouvelle à chaque fois qu'on le visionne ou le lit, permet à celui qui le reçoit de se souvenir ou de vivre un instant présent d'une vie éloignée qui n'est plus si la personne qui l'a réalisé est décédée. Si cette personne devait encore être en vie, de toute façon elle ne pourrait plus être ce qu'elle exprime à travers ce contenu puisqu'elle se serait éloignée dans le temps de ce récit figé. Ne fut-ce qu'en tenant compte du temps écoulé, ce temps a un impact sur nos cellules vieillissantes, sans compter sur l'évolution de nos perceptions de la vie, etc. Nous ne pourrions ne plus être en accord avec ce contenu et nous pourrions penser, vivre différemment.

Plus le temps passe, plus nous nous éloignons de ce passé figé. C'est le propre de chacun de nous. Nous pensons et réagissons en fonction de circonstances et d'expériences vécues dans notre présent. Ce mécanisme joue sur notre compréhension et nous agissons en conséquence à chaque fois, et plus le temps passe, plus nous nous éloignons de ce passé.

Ce phénomène du temps qui passe est la preuve que nous vivons, puisqu'il est toujours en mouvement. La vie est un mouvement continu comme l'eau qui coule de la rivière ou du ruisseau. C'est le propre de la vie. Tout se meut. La vie est un souffle et ce qui ne respire plus est appelé « mort ». L'eau prise d'une fontaine et mise en bouteille est appelée « mort » parce qu'elle est retirée de sa source, de ce qui l'anime. Le mouvement s'est arrêté et s'est figé, comme pour l'être humain qui ne respire plus ou qui apparaît sur un support visuel, auditif ou cognitif. Il ne peut plus être comparable au support laissé puisque le temps s'est écoulé et qu'il a été coupé de sa source de vie, à un temps devenu mort.

Si la vie est fonction du temps présent qui passe et de la mouvance qui régit nos cellules et nos pensées, alors l'éternité ne peut être que la vie qui continue et non un support figé qui ramène à notre moi présent, un présent passé, mort et figé.

Toutefois, si maintenant l'impact du passé figé a une forte incidence sur votre vie, peut-on parler d'éternité ? Oui, si cet impact influence durablement et change notre vie de manière définitive.

Prenons l'exemple d'Einstein ou de Jésus. Ce sont deux personnages qui ont influencé l'humanité de façon durable et qui ont permis de faire évoluer notre société. Si nous n'avions pas connaissance de leur existence par la matière apportée, nous ne serions pas ce que nous sommes. Il y a donc eu une transmission de façon durable et conséquente de matières vivantes qui perdurent en notre civilisation et sur des « respirants » en mouvement.

Reprenons l'exemple de l'extraterrestre, si le message transmis a une incidence durable sur lui ou sur sa civilisation au point de changer leur façon de vivre, alors oui, ce passé figé sera devenu éternité en la personne extraterrestre ou en sa civilisation puisque l'impact du passé a une incidence sur le présent de manière durable. Nous sommes proches de la Palingénésie par sa renaissance continue.

Il en est de même avec l'eau mise en bouteille. Si celle-ci trouve en vous une nouvelle source, alors elle sera vivante en vous et elle deviendra éternelle. Il en est de même avec les plantes qui s'abreuvent de l'eau inanimée. La plante puisera les oligoéléments de l'eau et se fortifiera. Cette transformation se verra à travers l'évolution de la plante. C'est comparable au pigment des plumes des canaris qui sont alimentés par une nourriture avec des pigments rouges, par exemple. Les plumes du canari changeront de couleur si vous modifiez son alimentation par des pigments neutres, avec le temps son plumage changera et sa couleur redeviendra sa couleur d'origine. J'ai pu observer cela sur un de mes canaris qui avait un plumage rouge lors de son acquisition. Avec le temps son plumage changea et se transforma en couleur jaune, sa couleur d'origine. Il en est de même pour les plantes et pour nous ; nous sommes la résultante de ce que nous mangeons ou acquérons et les effets se voient par la suite sur notre organisme ou sur notre façon de penser et de se mouvoir.

Einstein comme Jésus deviendront éternels, par vous et pour vous, si celui-ci ou celui-là a durablement modifié votre existence.

Pouvons-nous imaginer un seul instant ce qu'aurait été notre civilisation occidentale sans l'existence de Jésus ou d'Einstein ? Difficile d'imaginer tellement le contraste serait énorme.

L'éternité peut être comparable à ces résidus qui émergent de notre vie intérieure. Le fait de laisser des traces de notre existence peut avoir un impact important sur autrui et l'influencer durablement sur la suite de sa vie. Ce phénomène que j'appellerais « imprégnation intérieure » peut devenir éternité et nous pourrions à notre tour faire progresser cette éternité vers notre éternité. Il en a été ainsi pour les suiveurs de Christ comme pour les suiveurs d'Einstein qui ont influencé durablement l'humanité ou quelques individus.

L'eau inanimée n'est donc pas morte de manière définitive, mais est en attente d'un support qui permettra de la réanimer. L'éternité est donc possible si elle trouve un support vivant qui s'imprègne d'elle, même si le temps passe. Elle peut être comparable à cette eau mise en bouteille qui sommeille dans l'attente d'un receveur, comme peut l'être l'aimant qui réactive les molécules de l'eau ou la chute de l'eau d'une montagne qui active les ions négatifs.

Reprenons l'exemple de Jésus. Si ce personnage a durablement influencé votre perception de la vie, l'a-t-il été dès votre naissance ? Fort probable que non, à moins que vos parents aient été influencés durablement par ce personnage au point de régir leur vie d'après lui ! Si ce personnage n'a pas influencé vos aïeux, était-il mort pour autant ? Oui, si vous connaissiez son existence sans en être imprégnée, et non si vous ignoriez son existence. Ce qui est évident, c'est que son influence sur vous a eu une incidence éternelle à un moment donné dans votre existence puisqu'il vous a influencé de façon durable et est devenu la source de la suite de vos mouvements et de vos actes. Il revit donc par vous, en vous, par vos actions qui sont régies par vos pensées imprégnées de sa vie passée.

Il ne faut pas confondre « éternité » et « éternité éphémère ». L'éternité éphémère est une réaction vécue par un support à un moment donné, mais qui n'a pas de conséquence durable sur votre vie.

Prenons l'exemple d'un film de Louis de Funès. Peut-on affirmer que ce personnage exercera une influence durable sur votre vie ? Non, à moins que vous soyez acteur ou comédien et que vous vous imprégniez de sa façon de jouer. L'impact qu'aura ce personnage sur vous sera de courte durée et n'agira pas de façon durable et définitive sur votre être profond, au point de changer votre façon de vivre et de perdurer cet être en vous. Ce phénomène est donc appelé « éternité éphémère » puisqu'il agira de courte durée et n'influencera pas votre vie de manière durable. Ce qui n'est pas le cas de Jésus ou d'Einstein qui ont profondément influencé notre civilisation occidentale.

Nous pouvons retrouver ce même phénomène avec une graine qu'on a récoltée d'une plante. Si la graine est mise de côté dans un endroit approprié pour sa conservation, il sera possible de la faire revivre en la plongeant dans un environnement propice au développement pour lequel elle est prévue. Une graine de tournesol donnera toujours un tournesol et non un poireau ou une courgette. La graine peut être conservée un temps avant d'être réanimée dans un environnement adapté à son espèce, comme un support figé pourra être conservé un temps avant d'être activé, mais ce temps est éphémère, car le support comme pour une graine ont tous deux un temps de conservation limité. Le support se dégradera avec le temps comme la graine sera devenue improductive parce qu'elle aura épuisé ses ressources de conservation.

Les nouvelles technologies poussent au prolongement de ce phénomène de conservation des matières utilisées, comme c'est le cas en photographie où les supports conservent leur qualité d'impression durant de longues années. Actuellement, une photo imprimée sur un papier de qualité peut tenir plus de 100 ans sans être reproduite ou copiée.

Le disque Voyager Golden Record, envoyé dans l'espace, est prévu pour une conservation de plusieurs siècles. Après ce délai, le support se détériora et l'éventuel extraterrestre n'aura plus qu'à imaginer notre civilisation au travers d'un support inopérant.

L'éternité est vie et tant que la vie est en mouvement dans l'espace-temps, il y a éternité. Ce qui veut dire que si notre espace-temps se termine, notre vie se terminera également et notre éternité deviendra morte définitivement.

C'est la grande différence avec l'immortalité où le temps ne joue pas.

THE
SOUNDS
OF
EARTH
UNITED STATES OF AMERICA
PLANET EARTH

L'IMMORTALITÉ
(ATHANASIAN)

1- Étymologie

2- Immortalité de l'âme

3- La science tente d'expliquer l'immortalité

L'imperfection

n'est qu'une facette de

la perfection

1- Étymologie
Immortalité

L'Immortalité vient du mot latin immortalitas ou inmortalitatem ou du grec : athanasian.

Définition du dictionnaire de l'internaute :

Immortalité, nom féminin

Sens 1

Caractère de ce qui est immortel.

Sens 1

Qui ne meurt pas.

Synonyme : indestructible

Sens 2

Qui demeure toujours dans la mémoire des hommes.

Grec ancien :

00862 aphthartos (af-thar-tos) se traduit incorruptible, immortel.

00110 athanasia (ath-an-as-ee'-ah) immortalité

L'Immortalité veut dire : Qualité, état de ce qui est immortel ; de ce qui n'est pas soumis à la mort.

Or certains étymologistes vont jusqu'à affirmer que l'immortalité peut signifier : Prolongation sans fin du souvenir d'un homme, d'une œuvre.

Au vu de ce qui a été écrit précédemment, c'est possible en théorie, mais pas dans la pratique. L'immortalité ne peut connaître la mort alors qu'un souvenir est sujet à l'oubli, qu'une œuvre est soumise à la vieillesse et à sa dégradation.

J'ai vécu une expérience quand j'avais 14 ans, en 1976. J'avais une télévision en noir et blanc et je regardais un vieux film de cowboys. La speakerine avait mis l'accent sur une détérioration du film à cause de son âge. Ce film me marqua durablement, car il traitait de la vie des Indiens en proie à la colonisation des blancs. C'était assez rare de voir un film qui mettait en avant les injustices que vivaient les Indiens. En général c'était souvent le colonisateur qui était mis en avant et les Indiens comparés aux méchants qui ne voulaient pas partager leur terre avec les blancs. De nos jours, impossible de trouver une trace de ce film. Apparemment le temps a eu raison de lui, mais ce film m'est resté en mémoire et m'a profondément marqué. Ce film restera vivant tant que ne meurt pas le souvenir. Il n'est donc pas immortel, mais bien une éternité éphémère.

En résumé, l'immortalité est la non-mort, tandis que l'éternité est la vie tant que la vie existe. Ce qui veut dire que l'éternité est sujette à la mort par différentiation avec l'étymologie de l'immortalité qui, elle, ne peut connaître la mort puisque la mort n'existe pas ou n'existe plus.

La confusion entre ces deux termes perdure dans l'esprit de beaucoup de personnes.

Dans la partie grecque de la Bible, on retrouve le verset de 1 Corinthiens 15:53 mentionné précédemment (page 56) qui fait état de l'immortalité.

Le deuxième et le dernier verset du livre du canon biblique qui mentionne l'immortalité se trouve en 1 Timothée 6:13-16. Ce verset donne un détail fort intéressant :

1 Timothée 6:13-16
« Je te recommande, devant Dieu qui donne la vie à toutes choses, et devant Jésus-Christ, qui fit une belle confession devant Ponce Pilate, de garder le commandement, et de vivre sans tache, sans reproche, jusqu'à l'apparition de notre Seigneur Jésus Christ, que manifestera en son temps le bienheureux et seul souverain, le roi des rois, et le Seigneur des seigneurs qui seul possède l'immortalité <110> (athanasia), qui habite une lumière inaccessible, que nul homme n'a vu ni ne peut voir, à qui appartiennent l'honneur et la puissance éternelle. Amen ! »

Il s'agit de Dieu en sa personne que nul ne peut voir et que nul n'a déjà vu ! Il est le seul à revêtir cette immortalité à l'époque de ce verset. Cependant le terme « immortalité » n'existe pas dans les écrits hébraïques bien que le mot existe dans la langue originale : « al-maveth » qui se traduit par « non-mort ». « Al-maveth », deux particules ne se trouvent jamais associées dans l'Ancien Testament. Il y a toujours séparation du mot composé : « al » et « maveth ».

Il y a bien eu une tentative de faire croire que ce terme d'immortalité existait dans la pensée hébraïque au travers du verset 27, chapitre 14 des Proverbes, mais cette compréhension est futile et vaine :

> **Proverbes 14:27**
> **« La crainte de l'Éternel est une source de vie, pour détourner des pièges de la mort <04194> (maveth) »**

Ce verset ne reprend que le mot « maveth » sans la particule « al ».

L'idée qui ressort de ce verset renvoie selon certains penseurs à la «non mort» comme si la mort pouvait être évitée de manière définitive, mais ce verset devrait être compris autrement.

La lecture laisse à penser que si on suit les commandements de Dieu, la mort peut nous être évitée, mais c'est dans le sens de rallonger notre vie en suivant les principes de vie mentionnés par Dieu, dans les écrits bibliques, mais jamais de façon à supprimer la mort !

Le verset de Proverbe 14:27 n'appuie en rien l'idée d'une éventuelle vie immortelle puisque d'autres versets hébraïques contredisent l'idée d'immortalité en mentionnant l'inévitable destin de chaque humain qu'est la mort :

> **Genèse 6:3**
> **« Alors l'Éternel dit : mon esprit ne restera pas à toujours dans l'homme, car l'homme n'est que chair, et ses jours seront de cent vingt ans. »**

Psaume 90:10.

« Les jours de nos années s'élèvent à soixante-dix ans, Et, pour les plus robustes, à quatre-vingts ans ; Et l'orgueil qu'ils en tirent n'est que peine et misère, car il passe vite, et nous nous envolons. »

Je détaillerai plus loin la notion de mortalité pour l'homme.

Peut-on en conclure qu'il n'y a pas de vie après la mort et que l'immortalité n'existe pas pour les humains ?

Si je rapproche la pensée hébraïque et la pensée judéo-chrétienne, l'immortalité est possible pour l'homme, mais pas dans sa condition actuelle. En tous cas, les Hébreux ne pouvaient pas l'atteindre puisqu'ils ne connaissaient pas la rédemption par le salut venant du Christ. C'est ce qui diffère en grande partie de l'hébreu du chrétien.

Petite réflexion sur l'âge des patriarches repris en Genèse. A l'époque, le temps n'était pas compté comme à ce jour. Le calendrier actuel se base sur le système solaire et non lunaire, comme ce fut le cas jadis[25]. Quand on mentionne que Noé vécut 950 ans, en réalité, il faudrait calculer son âge avec le calendrier lunaire et non solaire. Noé aurait donc vécu près de 80 ans et non 950 ans !!! Il en est de même pour tous les patriarches de la Genèse comme Adam 930 cycles lunaires (78 ans), Methuselah 969 cycles lunaires (81 ans) etc…

---

[25] Jules César établit un nouveau calendrier en **46 av. J.-C.**, connu sous le nom de **calendrier julien**. Il fixa la durée d'une année normale à **365 jours** et celle d'une année bissextile à **366 jours** (tous les 4 ans).

2- Immortalité de l'âme (Athanasia)

Ce qui relie l'immortalité de l'âme à la compréhension des écrits bibliques est que **l'immortalité de l'âme se confond avec le souffle de vie ou l'Esprit**. Le mot hébreu pour immortalité est « Al-maveth » (non-mort) et le mot grec est « athanasia » (immortel), terme composé du préfixe privatif « a » suivi de « thanatos » qui signifie mort. Ame se dit « nèphèsh » (respirant) en hébreu et « psukhê » (vie) en grec. Enfin, souffle de vie se dit « rouaḥ » (souffle, ou vent) en hébreu et esprit « pneuma » en grec.

Le concept de l'immortalité de l'âme vient des Grecs. C'est Platon (428 à 348 Av. E.) qui en fait mention dans son écrit 'Phédon' (composé vers 399 av. E.).

Selon Platon, Socrate disait : " Supposons qu'elle soit pure, l'âme qui se sépare de son corps : elle n'entraine rien avec elle [...] c'est vers ce qui lui ressemble qu'elle s'en va, vers ce qui est invisible, vers ce qui est divin et immortel et sage, c'est vers le lieu où son arrivée réalise pour elle le bonheur, où divagation, déraison, terreurs [...] tous les autres maux de la condition humaine, cessent de lui être attachés, et [...] c'est véritablement dans la compagnie des Dieux qu'elle passe le reste de son temps ! " — Phédon, 80, d, e ; 81, a.

La chrétienté en fera son crédo et marquera au fer rouge cette compréhension de l'immortalité de l'âme lors du concile de Latran de 1513, ce qui influencera durablement les chrétiens par la suite.

Pourtant cette pensée n'est pas en accord avec la bible puisqu'il est dit explicitement que l'âme meurt :

Matthieu 10 : 28

« Ne craignez pas ceux qui tuent le corps et qui ne peuvent tuer l'âme ; craignez plutôt celui qui peut faire périr l'âme et le corps dans la géhenne. »

Dans ce verset, une distinction est faite entre âme et corps. En réalité, l'âme englobe le souffle de vie. Le verset fait donc cette distinction pour faire comprendre que l'Esprit qui est inclus dans l'âme ne peut être détruit par l'homme, mais seulement par Dieu.

Ezechiel 18 :4

Voici, toutes les âmes sont à moi ; l'âme du fils comme l'âme du père, l'une et l'autre sont à moi ; l'âme qui pèche, c'est celle qui mourra.

Pas d'ambiguïté dans ces deux versets dont l'un vient du Nouveau Testament et l'autre de l'ancien. L'âme peut mourir si Dieu le décide !

De nos jours le mot 'âme' reste ancré dans les esprits et se mêle dans le vocabulaire religieux et philosophique comme une particule qui s'échappe à la mort. D'après la véritable étymologie, le mot âme englobe l'Esprit ou le souffle de vie avec le corps. C'est bien l'Esprit ou le Souffle de vie qui retourne à Dieu et qui est concerné par la partie invisible de notre être et non l'âme qui englobe le corps avec son sang et le souffle de vie.

Ecclésiaste 12 :7

« Avant que la poussière retourne à la terre, comme elle y était, et que l'esprit (Rouah) retourne à Dieu qui l'a donné. »

Il serait donc juste de comprendre que l'Esprit (Rouah) retourne à Dieu, mais que la partie de l'âme (Néphèsh) qu'est le corps retourne à la terre.

Une fois cette distinction comprise, il est possible de mieux comprendre l'explication de certains versets bibliques rendus difficiles à saisir à cause de cette incompréhension qui date du temps de Platon, l'époque glorieuse de la Grèce antique et qui fut largement intégrée dans l'esprit des 70 copistes de l'époque qui écrivirent la Septante (compilation des rouleaux hébraïques traduits en Grecs).

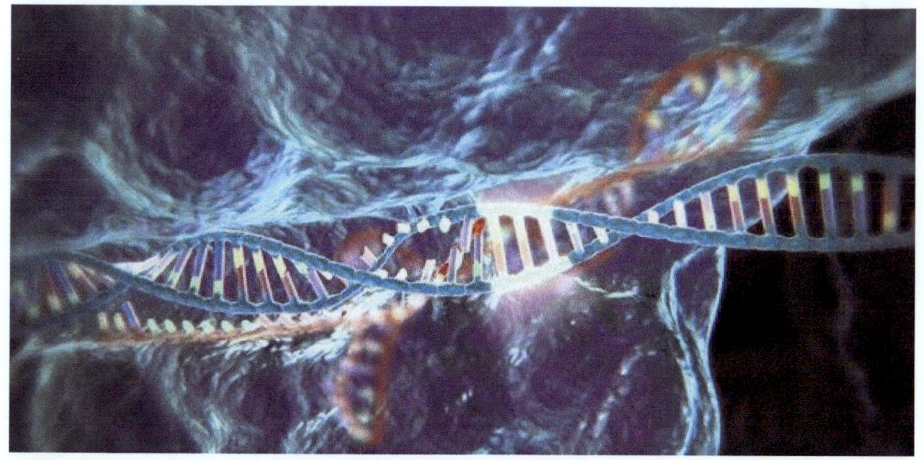

Platon

Le Journal anglais Express écrira sur le sujet :

Express. Home of the Daily and Sunday Express.

LIFE AFTER DEATH: Shock claim of evidence showing consciousness may continue as a SOUL

THE human conscious lives on after death, scientists have sensationally claimed.

By SEAN MARTIN
PUBLISHED: 08:01, Mon, Nov 7, 2016 | UPDATED: 08:43, Mon, Nov 7, 2016

Traduction :

LA VIE APRÈS LA MORT : l'allégation de choc des preuves montrant que la conscience peut continuer en tant qu'âme

La conscience humaine vit après la mort, ont déclaré les scientifiques de façon sensationnelle

La possibilité d'une vie après la mort est l'un des plus grands mystères de l'humanité, mais maintenant, les experts affirment qu'il n'y a pas de mort de la conscience - juste la mort du corps.

Selon certains scientifiques très respectés, la mécanique quantique permet à la conscience de vivre après la disparition éventuelle du corps.

Alors que les scientifiques ne savent toujours pas ce qu'est exactement la conscience, Stuart Hameroff de l'Université de l'Arizona estime qu'il ne s'agit que d'informations stockées à un niveau quantique.

Le physicien britannique Sir Roger Penrose est d'accord et pense que lui et son équipe ont trouvé des preuves que les microtubules à base de protéines - un composant structurel des cellules humaines - transportent des informations quantiques - des informations stockées à un niveau subatomique.

Sir Roger déclare que si une personne meurt temporairement, cette information quantique est libérée dans des microtubules et dans l'univers.

Cependant, s'ils (composants structurels des cellules humaines) sont réanimés, les informations quantiques sont renvoyées dans les microtubules et c'est ce qui déclenche une expérience de mort imminente.

Sir Roger a ajouté : « S'ils ne sont pas réanimés et que le patient meurt, il est possible que cette information quantique puisse exister en dehors du corps, peut-être indéfiniment, en tant qu'âme. »

Les chercheurs du renommé Institut Max Planck de physique de Munich sont d'accord et affirment que l'univers physique dans lequel nous vivons n'est que notre perception et qu'une fois que nos corps physiques meurent, il y a un au-delà infini.

Le Dr Hans-Peter Dürr, ancien directeur de l'Institut Max Planck de Physique, a déclaré : « Ce que nous considérons ici et maintenant, ce monde, c'est en fait juste le niveau matériel qui est compréhensible. L'au-delà est une réalité infinie qui est beaucoup plus grande. Dans lequel ce monde est enraciné. De cette manière, nos vies dans ce plan d'existence sont déjà englobées, entourées, par l'au-delà... Le corps meurt, mais le champ quantique spirituel continue. De cette façon, je suis immortel. »

Le Dr Christian Hellwig de l'Institut Max Planck de chimie biophysique à Göttingen, a ajouté : « Nos pensées, notre volonté, notre conscience et nos sentiments montrent des propriétés qui pourraient être qualifiées de propriétés spirituelles. Aucune interaction directe avec les forces fondamentales connues des sciences naturelles, telles que la gravitation, les forces électromagnétiques, etc…, peuvent être détectées dans le spirituel. D'un autre côté, cependant, ces propriétés spirituelles correspondent exactement aux caractéristiques qui distinguent les phénomènes extrêmement déroutants et merveilleux du monde quantique. »[26]

La science quantique serait le moyen scientifique de comprendre et d'expliquer l'invisible, l'intouchable qu'est l'immortalité de l'être et de la mort.

Si l'article fait mention de l'âme, c'est par ignorance de son étymologie première.

Ce qui est intéressant dans cet article vient du besoin d'expliquer les phénomènes de l'expérience de mort imminente d'un point de vue scientifique. D'autres scientifiques ont essayé de peser la partie qui quitte le corps en mesurant la différence de poids corporel du corps juste avant de mourir et juste après. Une différence presque insignifiante laisse à penser qu'une matière s'échappe du corps au moment de mourir. Il pourrait s'agir du souffle de vie qui quitte le corps, ce qui est compréhensible, mais ceux qui ont pesé le corps mettent l'accent sur une tout autre chose, l'âme !!! C'est mignon.

---

[26] https://www.express.co.uk/news/science/728897/LIFE-AFTER-DEATH-consciousness-continue-SOUL

LA MORT

1- Étymologie

2- Comprendre ce qu'est la mort d'un point de vue biblique

3- Les expériences de morts imminentes

4- L'origine de la mort

« Ne chantez pas la Mort, c´est un sujet morbide

Le mot seul jette un froid, aussitôt qu´il est dit

Les gens du show-business vous prédiront le bide

C´est un sujet tabou pour poète maudit

La Mort

La Mort

Je la chante et, dès lors, miracle des voyelles

Il semble que la Mort est la sœur de l´amour

La Mort qui nous attend et l´amour qu´on appelle

Et si lui ne vient pas, elle viendra toujours

La Mort

La Mort... »

Extrait des paroles de Jean-Roger Caussimon mis en chanson par Léo Ferré

1- Étymologie

La mort

Noms communs (XIe siècle) Du latin mortem, accusatif de mors, lui-même sens issu de l'indo-européen commun mer- (« mourir »). wiktionary.org

En hébreu et surtout en grec, la mort a plusieurs sens

Hébreux :

04191 muwth (mooth)[27] qui signifie mourir, être tué ou périr.

Grec ancien :

00575 apo (apo') se traduit par séparation de quelque chose.

00646 apostasia (ap-os-tas-ee'-ah) mort spirituelle.

00599 apothnesko (ap-oth-nace'-ko) qui se dit quand on est mort de manière naturelle.

02348 thnesko (thnay'-sko) se traduit par mort

02288 thanatos (than'-at-os) se traduit par la mort du corps et l'enfer

03498 nekros (nek-ros') la mort définitive dans l'Hadès.

La richesse de la langue grecque permet des nuances dans la compréhension de l'étymologie du mot. En comparant la mort « Thnesko » et « Nekros » la traduction ouvre le champ du possible à la vie après la mort. « Nekros » mentionne une mort dans l'Hadès qui laisse entendre un possible retour à la vie tandis que le mot « Thnesko » non. Le sens de « Thnesko » est une mort dans la géhenne, lieu de tourment où la mort est éternelle et tourmentée.

---

[27] http://www.lexique-biblique.com

L'Hadès (Nekros) étant le lieu des morts qui connaîtront la résurrection le jour du Seigneur selon les écrits bibliques (Apocalypse 20:5).

Il existe une autre mort qu'est la mort spirituelle. Le terme utilisé est « apostasia ». Les personnes sont considérées comme mortes sur le plan spirituel. C'est un péché grave sur le plan religieux, car il ne permet aucun retour à la vie spirituelle. C'est pécher contre l'Esprit-Saint.

La mort tient son origine depuis la naissance de l'homme. C'est le premier **concept** existentiel que connaît l'être humain depuis sa naissance puisqu'il mourra pour vivre et vivra pour mourir. Il passe d'un état aquatique pour devenir un respirant. La vie ne serait-elle pas un cycle de vie continu qui nous amènerait d'un état à un autre comme pour l'amphibien qui passe de l'état d'un têtard à l'état de grenouille par exemple ? La Palingénésie.

Il n'y a pas plus vieux **concept** que celui de la mort. À chaque moment, nous sommes confrontés à la mort, car tout instant contient en lui la mort du temps qui vient de passer. L'éternité est l'instant présent où n'existe ni passé ni avenir et dont la mort se situe juste avant et après cet instant. Les cellules de notre organisme meurent continuellement pour naître de nouveau. Nous sommes donc confrontés à la mort continuellement. Elle est en nous et autour de nous.

La définition de la mort la plus juste serait : la cessation de la vie.

2- Comprendre ce qu'est la mort d'un point de vue biblique

Il y a un verset biblique qui me fascine et qui me pose question concernant la mort. L'homme vient des dieux qui nous ont façonnés pour devenir chair, qui par essence est mortelle, car il n'existe rien d'immortel sur terre. Toute chair pourrit un jour et meurt. S'il y a bien un point commun à toute vie sur terre, c'est bien cela, tout meurt pour mieux revivre par sa transformation en énergie. Rien n'est perdu, tout est en continuelle transformation (Palingénésie). À la mort, notre corps se décompose et retourne à la terre comme engrais. Il en est de même de toutes choses sur terre. Peut-on parler d'éternité en ce cas ? Oui, puisque rien ne se perd, tout se transforme continuellement. Pour certains penseurs, l'éternité de l'être serait justement cette transformation où la conscience n'est plus, mais le code génétique reste comme trace du passé. De nos jours, il est possible pour les scientifiques de transpercer ce code, mais il est pour l'instant impossible de faire revivre ce qu'il était, seules des traces subsistent, mais pas le vécu émotionnel et son histoire affective. L'éternité serait donc pour certains, cette transmission des gènes d'un corps vers un autre corps par la conception intra-utérine sans prise de conscience.

Notre naissance viendrait du divin qui a créé l'homme et serait devenue mortelle par la désobéissance au premier commandement. N'est-ce pas un divin qui nous aurait donné la connaissance du bien et du mal ? Le divin qui se cache derrière le serpent originel ?

La connaissance serait la capacité de discerner le bien du mal, mais que seuls les divins semblent maîtriser. L'avertissement était pourtant clair : « Tu ne mangeras pas de l'arbre de la connaissance du bien et du mal, car le jour où tu en mangeras, tu mourras. » (Genèse 2:17). La partie masculine d'Adam l'a apprise par le biais de sa moitié, Eve :

Elle en donna aussi à son mari, qui était auprès d'elle, et il en mangea » (Genèse 3:6).

Le divin par essence est fait de ces deux éléments : le masculin et le féminin. À l'origine, Adam est une créature à l'image des dieux et serait en fait un hybride déambulant sur terre à la recherche du plaisir manquant. Au départ, Adam détenait en lui les deux facettes de la vie : le masculin et le féminin, le yin et le yang. Eve ne se manifeste à l'ère de l'humanité que bien après la création d'Adam. Adam se serait séparé de son être divin pour devenir un demi-dieu. L'une, Eve, devient complémentaire à l'autre, Adam (flamme jumelle[28]).

Ne serait-ce pas par la réunification de nos deux moitiés que nous pourrions retrouver la vie divine ? La chair serait notre barrière à l'accès à l'arbre de vie. Une fois cette chair perdue, nous (re)deviendrions divins, qui est par essence éternel ou immortel, selon notre évolution. Nous ne connaîtrions plus la mort une fois notre enveloppe perdue comme l'a mentionné Paul (1 Corinthiens 15 :20), mais nous perdrions la volupté du plaisir charnel.

---

[28] Voir page 105

Les écrits hébraïques de la genèse ne seraient qu'une traduction d'un langage plus ancien qui serait le sumérien. À lire ce qui nous reste de ce langage, on n'y parle que de débauche entre les dieux changés en forme humaine. À croire que les dieux se sont transformés en forme humaine pour avant tout jouir de la chair. Nous sommes donc faits à l'image de ce divin.

À en croire les récits de la Genèse, nous aurions pu vivre sans mourir puisqu'un arbre de vie aurait pu nous donner cette éternité ou immortalité à l'instar des dieux qui nous ont créés, mais je crois plus à une condition de vie qui, par la connaissance acquise, influera sur celle-ci. La connaissance apporte la mort de façon plus certaine puisqu'elle contient le bien et le mal. Cela ne veut pas dire qu'Adam ne pouvait pas mourir sans cette connaissance acquise car toutes choses sur terre meurent et se renouvellent (Palingénésie).

Deux chérubins nous empêchent d'accéder à ce fruit. Qui sont ces deux chérubins et comment se manifestent-ils à notre égard ? Sont-ils en nous et nous empêchent-ils par la pensée d'accéder à ce fruit, ou sont-ils extérieurs à nos pensées ? Je pense donc je suis. Notre pensée serait-elle la porte de notre chair à la vie divine ? Selon l'article de l'Express mentionné plus haut, la pensée ou la conscience serait toujours vivante après notre mort physique. La mort pourrait être le premier chérubin et la foi, le second ? Le gouffre qui nous sépare de ce fruit de la vie et qui est à parcourir serait le chemin de la pensée à l'acte. Accepter de mourir par la foi. La vie sur terre serait donc ce passage obligé pour pouvoir connaitre la vie à l'infini, une sorte de test ou d'épreuve ?

L'Éternel Dieu dit : Voici, l'homme est devenu comme l'un de nous, pour la connaissance du bien et du mal. Empêchons-le maintenant d'avancer sa main, de prendre de l'arbre de vie, d'en manger, et de vivre éternellement (Genèse 3 :22).

Voilà le verset qui me préoccupe depuis de longues années. La mort serait une programmation des divins à cause de notre désobéissance pourtant insufflée par eux ? Il serait possible, par la connaissance, de trouver le moyen de vivre éternellement et d'accéder à l'arbre de vie. Selon **Proverbes 3:13-18**, l'arbre de vie serait la source de la sagesse et de l'intelligence, les deux chérubins révélés :

Heureux l'homme qui a trouvé la sagesse, et l'homme qui possède l'intelligence ! Car le gain qu'elle procure est préférable à celui de l'argent, et le profit qu'on en tire vaut mieux que l'or ; elle est plus précieuse que les perles, elle a plus de valeur que tous les objets de prix. Dans sa droite est une longue vie ; dans sa gauche, la richesse et la gloire. Ses voies sont des voies agréables, et tous ses sentiers sont paisibles. Elle est un arbre de vie pour ceux qui la saisissent, et ceux qui la possèdent sont heureux (Proverbes 3:13-18).

La religion nous éduque vers une voie contraire à celle d'Épicure : mangeons et buvons, car demain nous mourrons. Pourtant les dieux s'amusent avec nous comme nous nous amusons avec des marionnettes. Nous sommes l'objet de convoitises programmées pour le plaisir des dieux. N'est-ce pas les dieux qui ont possédé nos femmes pour le plaisir de vivre la sensation de l'extase charnel ? Nous sommes donc les objets de convoitise. Nous empêcher d'accéder à l'arbre de vie revient à comprendre que les dieux nous préfèrent sots et querelleurs, ou serait-ce par amour que de nous faire mourir pour ne pas faire comme eux qui se querellent continuellement selon la mythologie et les dires de Jésus en **Apocalypse 12:7** ?

> **Et il y eut guerre dans le ciel. Michel et ses anges combattirent contre le dragon. Et le dragon et ses anges combattirent…**

La dualité psychologique de notre être profond et de notre éducation religieuse entraîne inéluctablement une dichotomie cérébrale : faire le bien ou le mal. Le bien ne peut exister sans le mal. Il faut choisir entre faire le bien ou le mal, comme si l'un était contraire à l'autre alors qu'ils sont complémentaires. L'écriture peut faire du bien comme du mal. Aimer peut faire du bien comme du mal. Chaque chose connaît son pendant. Il n'existe rien qui n'ait pas son contraire. La vie et la mort sont intrinsèquement liées. Mourir pour vivre et vivre pour mourir, c'est le propre de toute existence.

Les dieux ne sont ni le bien ou le mal, ils sont le bien et le mal confondus. La mort ne serait donc qu'une facette de l'éternité, la vie lui est attachée comme tout ce qui existe.

J'aurais pu nommer ce chapitre « La vie », car la vie comme la mort sont indissociables. Nous retrouvons, au travers de cette pensée, le mouvement perpétuel de la renaissance (Palingénésie).

3- Les expériences de mort imminente

La confusion est grande entre les expériences de morts imminentes et la réincarnation.

Si vous voulez communiquer avec les morts, vous pouvez passer par un médium. Des expériences ont démontré que c'est possible.

Stéphane Allix a écrit un livre qui s'intitule : le test, une expérience inouïe : la preuve de l'après-vie ? Publié par Albin Michel.

Ce livre témoigne d'une expérience combien troublante qui atteste la véracité de l'existence de défunts qui vivent sans matière dans un espace proche de nous et qui seraient capables de nous voir et de nous entendre. Il a fait appel à des médiums pour faire une expérience de perception et de communication. Il a placé dans la tombe de son père des objets que personne ne pouvait connaître, ce qui n'a pas empêché les médiums consultés d'en découvrir l'existence, par le biais du défunt, des objets en question. Pour lui, pas de doute, le défunt reste en vie après sa mort, mais dans une sphère céleste et accessible dans certaines conditions. Cette compréhension corrobore tout à fait avec la Bible qui parle de résurrection et de la vie après la mort.

Le médium est donc le moyen par excellence pour communiquer avec les morts. Si cela est possible, comment le mort qui communique peut-il être réincarné dans un autre corps physique ? Telle est la question.

Ce qui est encore plus déroutant c'est que la plupart des médiums croient en la réincarnation.

Être énergie et se réincarner dans un autre corps serait une régression et non une évolution. Les témoignages sur le sujet démontrent encore que la réincarnation (métempsychose), telle que comprise par la plupart, sont impossible. Cependant, la définition de la transfiguration [29] (palingénésie) est en adéquation avec ces expériences partagées.

Que révèle Stéphane Allix à travers ces expériences de morts imminentes ? Il décrit parfaitement que la vie sur terre n'est qu'un passage vers une autre vie. À l'exemple du papillon qui doit passer par la chenille puis par la chrysalide pour devenir un papillon, résume très bien les différents stades par lesquels passe l'être humain passe pour aller vers sa complétude. Nous venons d'un embryon qui devient matière pour devenir une entité spirituelle.

Si nous suivons la logique de la vie sur terre, avez-vous déjà vu un papillon redevenir une chrysalide ? Il lui est impossible de le faire, car tout simplement cela n'est pas concevable à la base. Avez-vous vu un adulte redevenir un enfant sur le plan physique ? C'est impossible matériellement !!! Il en est de même pour notre ascension, nous ne pouvons pas redevenir une entité matérielle après notre mort, car ce processus est contraire à l'évolution de notre existence. Même Jésus n'a pas pu revenir à la vie après sa mort, il a emprunté un corps pour se matérialiser et réapparaitre à ses disciples peu de temps après sa

---

[29] La **Transfiguration** est un épisode de la vie de Jésus-Christ relaté par le Nouveau Testament, dans lequel Jésus change d'apparence corporelle pendant quelques instants de sa vie terrestre, pour révéler sa nature divine à trois disciples. Wikipédia

crucifixion, mais aucun ne l'a reconnu, car il n'avait plus la même apparence **(voir Jean 20:11-30)**. Il semble que sa présence après sa mort était encore possible, car il n'était pas encore monté au ciel. 40 jours semblent représenter le temps de l'ascension de l'être mort à sa nouvelle vie céleste pour ceux qui n'ont plus de choses à régler avec les vivants sur terre. Durant cette période, l'Esprit erre entre le ciel et la terre.

Les connaissances et les compétences des dieux sont de tout autre niveau que le nôtre. À l'époque de Moïse, ils étaient capables de voler et de communiquer sans être présents. Le livre d'**Ezéchiel, au chapitre premier,** décrit, avec ses mots, la présence d'un véhicule divin. Le livre d'**Exode au chapitre 28:31-35,** mentionne la nécessité pour le grand prêtre d'avoir sur lui une clochette et un vêtement adapté pour rentrer dans le Très-Saint. Cette clochette devait continuellement retentir, car à défaut, il fallait tirer sur la corde qui reliait le grand prêtre et l'extérieur du très saint pour le sauver de la mort. Pourquoi devait-il porter cette clochette et ce vêtement spécial ? Le livre de Biglino Mauro, « **Il n'y a pas de création dans la Bible : La Genèse nous raconte une autre histoire** », paru chez Macro Édition, explique la raison de manière intéressante sur la présence des dieux sur terre et leurs capacités technologiques de communiquer avec le grand Prêtre dans le Très-Saint. Il pense que dans le Très-Saint se trouvait un objet de communication avancé, comparable à un téléphone portable à notre époque, qui servit de contact entre les humains et eux. Des rayons toxiques, comparables à nos ondes DAS (L'indice de débit d'absorption spécifique) de nos téléphones portables, étaient nocifs pour le Grand Prêtre s'il était en contact répété avec l'objet en question. D'où la nécessité de porter cette clochette et de l'actionner continuellement lors de sa présence dans le Très-Saint.

Biglino Mauro apporte une réflexion pertinente sur la présence des dieux sur terre et leurs implications dans notre évolution technologique. La Bible est un livre qui retrace la présence des divins, expliquée avec des mots connus des humains de l'époque. Les moyens des humains étaient très limités et le narrateur utilisait les mots qu'il connaissait. C'est pourquoi certaines situations pouvaient sembler difficiles à comprendre et qui de nos jours trouvent une tout autre explication, à l'exemple de la présence de Jésus après sa mort qui pourrait être une matérialisation d'un corps fictif ou d'un hologramme sensoriel puisqu'il pouvait être présent à certains endroits sans même passer par la porte de la maison.

Bien qu'il soit dit que l'essence de notre énergie ait été transmise lors de notre conception, faut-il en conclure que c'est possible de retourner à notre origine pour redevenir humain pour ensuite remourir et revivre continuellement jusqu'à aboutir à la perfection de notre scénario de départ ? Quel en serait le sens ? Quel serait l'intérêt de revivre continuellement ces réincarnations (métempsychose) si aucun souvenir ou expérience ne peut aider à aboutir ? Ne serait-ce pas contraire à la logique de l'existence ? Et puis à quoi servirait l'Enfer si chaque être aboutit en finalité à une bénédiction divine ? À moins que l'Enfer soit justement ce passage sur terre ??? Allez savoir ! Pour ma part, l'Enfer, le purgatoire, est justement cet endroit (ou cet état), cette attente, où l'être humain mort rend des comptes de sa vie sur terre et apprend à transcender son existence passée pour accéder à la félicité céleste s'il a travaillé certains points de son existence en lien avec la maîtrise de la chair.

Comment comprendre les différences qui existent entre les individus sur le plan de l'ascension après sa vie sur terre ? Si une personne meurt jeune peut-elle être en de bonnes conditions pour s'élever et devenir un être spirituel accompli ou sera-t-elle condamnée à vivre une vie spirituelle dans une sphère intermédiaire à jamais à cause de sa piètre condition ?

En d'autres termes, où se situe la justice de Dieu si une personne meurt jeune, vit une vie compliquée, à cause d'un handicap, à cause de sa condition de vie, ou parce qu'il vit dans un pays en guerre, ou dans un pays en proie à la pauvreté ? Tout cela pose question, non ?

Ce qui peut être une réponse, c'est que chaque être vient sur terre pour se parfaire, mais pas tous de la même façon. Certains viennent en chair pour expérimenter, pour mieux maîtriser certains aspects de la vie sans passer par toutes les épreuves que la vie nous réserve, à l'exemple de Jésus qui fut mis à l'épreuve dans le désert (voir Matthieu 1 :1-11). Il a été confronté à 3 épreuves.

Nous connaissons les 7 péchés capitaux : l'orgueil, l'avarice, la luxure, l'envie, la gourmandise, la colère, la paresse. Nous pouvons ajouter à ces 7 péchés : le blasphème, le mensonge, le vol, le crime, etc.

Pas le temps de chômer si nous voulons connaître la félicité !!!

Certains ne viennent sur terre que pour travailler un ou plusieurs aspects de la vie. Ce serait une réponse à des situations particulières que nous vivons ou observons chez les autres. L'un qui a accompli sa raison d'être pourrait mourir et trouver sa place auprès des siens. D'autres pourraient n'aboutir à rien, car ils ne se travaillent pas. Ils connaîtront une situation catastrophique, une fois décédés.

Pour ma part, je crois que chacun a tout en sa possession pour réussir une bonne ascension. Il nous appartient de ne pas s'égarer dans les méandres de la vie sur terre.

4- L'origine de la mort

Si je devais faire une analogie de l'origine de la vie et de l'existence de l'être humain, alors je comparerais l'origine de la vie sur terre à une écosphère où vivent des crevettes. A ce jour, l'homme a réussi à créer un système clos parfaitement conçu pour que des crevettes puissent y vivre indéfiniment grâce à l'équilibre parfait dans un environnement maîtrisé (biocénose).

Comme pour notre terre, il a bien fallu une intelligence pour créer cet écosystème parfait. Celui qui a créé cet écosystème est appelé communément Dieu par les religions monothéistes. En d'autres termes, ce Dieu serait une espèce extraterrestre évoluée qui a conçu à la genèse notre mode de vie. Au départ tout était parfait mais voilà qu'une autre espèce d'extraterrestre, appelée Serpent (reptilien), vient y fourrer son nez et décide de modifier, à des fins cupides, notre écosystème.

Par transposition avec les crevettes, cet esprit reptilien a modifié la prise de conscience des crevettes sur son environnement, en lui inculquant la possibilité de s'extirper de son écosphère, en lui donnant des moyens qu'elles ne maîtrisaient pas auparavant. Que se passe-t-il ? L'écosystème est perturbé et a pour conséquence la fin de l'équilibre de sa biocénose. La crevette sort de son bocal et irrémé**diable**ment modifie l'écosystème dans lequel elle vit. Résultat, sa mort est inéluctable.

Dieu avertit et dira : « A coup sûr tu mourras », tandis que le reptilien dira : « Mais non, tu ne mourras pas ! ». Les faits montrent avec évidence que l'homme meurt à cause de ce déséquilibre qui le caractérise aujourd'hui !!! En tout cas, la cupidité, la haine, la convoitise provoquent bien la mort auprès des êtres humains.

Nous vivons depuis le péché adamique, une perturbation de notre écosystème. Les êtres humains ont acquis des connaissances qui dépassent notre entendement et perturbent notre équilibre. Pour exemple, l'homme construit des habitats contraires à la nature qui l'entoure et détruit son environnement. La cupidité, le profit et l'exploitation renforcent ce déséquilibre et provoquent des guerres et la mort.

Pour pallier cela, Dieu offre, par le canal de la mort, la possibilité de retrouver cet équilibre perdu. Il aurait pu détruire ce qu'il avait créé, mais il offrit à tous les humains la possibilité de retrouver la vie originelle grâce à la résurrection.

L'ENERGIE SPIRITUELLE

- 99 -

1- Signification

2- La flamme jumelle

3- La création d'une entité céleste

4- La pensée philosophique de la vie

1- Signification

Si je devais définir simplement ce qu'est l'énergie, le point le plus important serait de la définir comme une substance intelligente, consciente, invisible, se mouvant dans le vide astral, planétaire et moléculaire. Elle est un canal de communication et de connexion entre le divin et soi.

À ce jour, peu de recherches ont été faites dans ce domaine. Je suis en route libre donc, et laisse les synchronicités se manifester en moi.

Le reiki est un soin énergétique à distance ou par imposition des mains qui utilise l'énergie matricielle. Certains thérapeutes font appel à des êtres spirituels supérieurs et utilisent des symboles ancestraux. Ce phénomène est utilisé pour soigner tant le mental que le physique et demande du praticien une concentration particulière. Le praticien utilise cette énergie divine comme moyen de communication et comme moyen de guérison, mais l'énergie céleste est bien plus que ça. Elle est le moyen de communication avec le divin.

Chacun peut utiliser ce moyen de communication et d'interaction avec le divin. Certains utilisent le canal de la prière et d'autres de la méditation. Le plus important est la prise de conscience et l'observation du phénomène dans sa vie de tous les jours. On peut parler de synchronicité ou de hasard.

Albert Einstein dira que « le hasard, c'est Dieu qui se promène incognito ». J'aime beaucoup cette approche.

Dieu (ou l'être suprême si vous préférez), utilise cette énergie pour se mouvoir et communiquer avec les êtres en éveil.

C'est donc un moyen et non une fin. Beaucoup confondent le divin avec la force agissante qu'est l'énergie céleste. Toute création est faite de cette énergie, car elle se meut dans les parties les plus infimes de notre être et dans ce qui nous entoure, d'où cette expression « Dieu est en nous » comme il est mentionné en :

1 Jean 4:13

« Nous connaissons que nous demeurons en lui, et qu'il demeure en nous, parce qu'il nous a donné de son Esprit ».

Il est fait mention de cette énergie qui nous anime depuis notre conception.

Il se peut que cet esprit soit lié à notre code génétique.

Il se peut que l'évolution de l'être que nous sommes devenus le soit par une manipulation de notre ADN comme le laisse penser la Genèse dans la conception de la femme, Eve (Genèse 2:21-22). Ce qui expliquerait notre évolution fulgurante par rapport aux restes des créatures terrestres. Nous aurions reçu une partie de l'ADN des êtres supérieurs pour devenir des êtres intelligents. C'est une possibilité qui corrobore avec plusieurs autres données ou dimensions de notre existence. Nous sommes différents et pourtant nous ressemblons aux animaux qui nous entourent. La Genèse fait mention d'un arbre dont le fruit est comparable à la connaissance, et ce livre appuie l'assimilation de cette matière en nous par le biais d'Eve qui transmettra par l'ADN cette capacité à sa progéniture.

Si nous observons notre évolution dans le temps, nous pouvons constater que notre espèce est la seule à évoluer grâce à la connaissance des matériaux qui nous entourent. Nous construisons des maisons carrées en matières transformées qui ne sont pas en accord avec l'évolution naturelle de la nature et qui témoignent d'une transformation de la matière première en une nouvelle conception. Nous construisons des engins volants et nous sommes capables de détruire l'ensemble de la planète. Ce qu'aucune espèce terrestre, autre que l'humain, ne peut faire.

Il est tout à fait possible que le Reiki se connecte à cette énergie matricielle qui nous anime et rentre en résonance avec celle de l'autre.

L'énergie peut se nommer Esprit-Saint, force agissante, esprit, etc.

2- La flamme jumelle

Il existe dans notre univers des flammes jumelles qui ne sont pas à confondre avec les âmes sœurs ou le jumeau né seul. Chaque élément a sa raison d'être et se différencie par son attraction qui lui est propre. Pour le mentionner rapidement, le jumeau né seul (syndrome du jumeau perdu)[30] se caractérise par son attraction, par sa similitude. Souvent le jumeau perdu induit chez l'autre jumeau un besoin de fusion. Cette fusion n'est en général pas sexuelle, mais existentielle, comme si l'un ne pouvait pas vivre sans l'autre. Un signe du jumeau né seul se retrouve, entre autres, dans la manière dont il ou elle fait ses achats. La personne qui a cette particularité achètera tout en double ou en triple comme s'il devait acheter le même produit ou aliment pour le jumeau perdu. Le syndrome du jumeau perdu comme l'indique sa nomination est la perte d'un être proche qui a été son jumeau intra-utérin, mais peut aussi être un frère ou une sœur qui est né peu après ou avant de sa naissance.

Je connais un cas d'une personne qui mange toujours pour deux. Il a perdu peu après sa naissance, son jumeau et mange pour son jumeau comme s'il devait le nourrir.

Il en est autrement de l'âme sœur qui elle peut être liée à une attirance sexuelle, mais ce n'est pas systématique. Il peut y avoir une complaisance liée à l'attraction du bien-être. La similitude pourrait provenir de points communs rapprochant les deux individus et provoquant une attraction réciproque. Ça peut être le cas de

---

[30] Voir le livre de Alfred R. & Bettina Austermann « Le syndrome du jumeau perdu »

personnes qui vivent la même passion ou qui pratiquent le même métier. L'attirance peut se faire avec des personnes du même sexe. Je différencie la flamme jumelle de l'âme sœur par ce critère. Beaucoup d'auteurs pensent que la flamme jumelle peut être du même sexe. Je ne crois pas à cela, car la flamme jumelle est opposée l'une à l'autre et ne se ressemble pas, même si elle a une mission existentielle commune. Cela ne veut pas dire qu'il ne peut y avoir des âmes sœurs qui s'unissent sexuellement, loin de là, mais il me semble que cette différence essentielle est à noter et justifie d'établir une différence entre les deux appellations.

La relation amoureuse entre deux âmes sœurs se manifeste souvent par une attirance physique ordinaire, tandis que la flamme jumelle ne se sent pas attirée au début sexuellement, mais est intriguée par l'autre.

Nous pouvons rencontrer plusieurs âmes sœurs dans notre vie, mais JAMAIS plusieurs flammes jumelles. Il n'en existe qu'une. Vous pourriez la connaître sans le savoir, c'est seulement par la suite de votre rencontre que vous découvrirez que cette personne vous complète et est votre flamme jumelle.

La flamme jumelle est obligatoirement votre opposée, comme l'est le Yin et le yang.

La flamme jumelle est attirée par son contraire. Pour donner un exemple souvent utilisé, le conte de la belle et la bête. Ce conte exprime bien cette rencontre de deux êtres complètement différents et qui parviennent à s'apprivoiser et ne former plus qu'un.

Ce qui différencie également l'âme sœur de la flamme jumelle est le processus de fusion qui s'opère par la séparation et par des conflits existentiels. Les deux êtres qui sont flamme jumelle connaîtront des souffrances existentielles très profondes, ce qui déstabilisera leur union très souvent jusqu'à la guérison de cette séparation céleste. C'est un chemin obligé. C'est après un certain temps que la plénitude pourra alors se manifester et l'union se terminer. Chacun deviendra complet et sera devenu une entité à part entière par la fusion des deux êtres.

Comme je le mentionne précédemment, la flamme jumelle ne peut être que l'un masculin et l'autre féminin, et pas deux féminins ou deux masculins.

De plus, la flamme jumelle se rencontre par la force des choses à un moment crucial de sa vie.

L'explication selon laquelle sa moitié flamme jumelle est prise et mariée avec un autre être que soi ne cadre pas avec sa mission.

Les deux êtres devraient se trouver en attente l'un de l'autre et souffrir de ne pas le ou la rencontrer.

En général, dans les grandes lignes, l'un sait de manière intuitive où l'autre est. Les points de ralliement peuvent être la langue, le pays, la rencontre dans un endroit précis, la passion commune dans un univers particulier, etc...

Il y a un accord avant de naître entre soi et soi, divisé par la chair, comme un rendez-vous que l'univers suscite dans la vie.

La rencontre n'est jamais un coup de foudre, mais une interrogation. Souvent l'un ou l'une n'est pas le type recherché, mais il y a une intrigue et un besoin de mieux connaître l'autre, ce qui favorise la rencontre. Cela demande d'être éveillé et à l'écoute de l'univers qui nous guide l'un vers l'autre.

Tumulte dans la relation, il y aura, mais dans un besoin de complétude et pas de manipulation ou de masochisme.

Normalement, si c'est ta moitié flamme jumelle, rien ne peut vous séparer. On ne peut délier ce que Dieu a uni !!!

Chacun travaille la blessure de l'autre et grandit dans cette union, au point de fusionner et de ne devenir plus qu'un.

Cela demande de devenir conscient de ce que l'on est et pourquoi on est ensemble.

La relation sexuelle devient intense et grandissante par la suite de cette fusion, mais pas spécialement au début.

Il existe aussi une particularité qui différencie cette union dite sacrée, c'est la jouissance sexuelle et mutuelle de la flamme jumelle.
En yoga, cela est appelée la Kundalini.

La Kundalini est l'énergie spirituelle mêlée à l'énergie corporelle.
Cette énergie est représentée par un serpent qui tourne autour de la colonne vertébrale. Elle se manifeste de cette façon, car l'énergie remonte du point sexuel qu'est le chakra racine pour se déployer en passant le long de la colonne vertébrale pour ensuite monter vers le ciel, en passant par le dessus de la tête. Lorsque deux êtres flammes

jumelles s'unissent, cette énergie se manifeste et se transmet à leur partenaire qui fusionne dans cette énergie. Le partenaire peut le ressentir différemment.

« Le jour où votre kundalini montera, soyez le plus possible humble et réceptif. C'est un moment béni que vous attendez depuis des siècles et des siècles. [...] Votre vision du monde va se transformer, s'élargir, s'émerveiller. Un enthousiasme de bon aloi, sans vaine excitation, vous saisit et tout vous réussit. Votre amitié pour les autres va se développer. Votre vie quotidienne devient un champ de jasmin. L'obscénité sous toutes ses formes va s'éloigner de vous. Vous ne pourrez plus lire d'ouvrages vulgaires et fréquenter des personnes négatives. Vos yeux ont besoin de pureté, et ne peuvent s'épanouir que dans des écrins spirituels. Votre attention est purifiée ainsi que votre émotivité. Kundalini, avec grande douceur, vous régénérez. Graduellement, elle nettoie votre subconscient et vos chakras inférieurs. Votre cerveau est nettoyé, et ses structures rigides se mettent à fondre. » Source : Site Kundalini.net.

« La puissance du serpent, Kundalini, ne peut pas être pleinement décrite, même par celui qui a réussi à l'éveiller. Quand il est éveillé, il se propage vivement au travers du corps comme un choc électrique et, tremblante et étonnée, la personne réalise qu'un événement puissant a pris place en elle. Ce n'est que le commencement. Tout le corps tremble. Il semble qu'une porte se soit ouverte, par laquelle un flot de lumière coule d'un monde inconnu, une lumière d'une incomparable brillance. Au bout d'un long temps, le tremblement du corps s'apaise, mais l'éclair de lumière montant dans la colonne vertébrale vers le sommet de la tête est inoubliable. Cet éclair de lumière n'est pas vraiment Kundalini, toutefois, c'est un simple signe de son éveil.

La kundalini elle-même ne s'élance pas, mais monte ensuite lentement, passant par toutes les stations (les chakras), chacun d'eux créant une nouvelle et puissante expérience. » Source : Manifestation de kundalini.

C'est certain que cette énergie n'est pas le privilège de la flamme jumelle, car toute personne éveillée spirituellement sans contrainte et dogme sera en mesure de vivre cette expérience vibratoire et cosmique, mais elle est la porte de l'unicité des deux êtres flamme jumelle.

Il n'est pas impossible que l'union cosmique soit le moyen pour les divins que nous sommes, de créer un nouvel être non matérialisé par cette énergie spirituelle.

La mission de vie est extrêmement importante et se fait à deux.

Normalement, la flamme jumelle a une mission sociétale et universelle.

Certains ouvrages mentionnent un point commun à la flamme jumelle qu'est le chiffre 8, symbole de l'infini et de l'éternité. Vous devriez trouver ce chiffre dans le prénom et/ou dans le nom et/ou dans la date de naissance. Il est important que ce chiffre soit l'addition des deux prénoms originels et/ou des deux noms originels et/ou des deux dates de naissance pour attester la flamme jumelle.

Un exemple de flamme jumelle : Yvan Attal & Charlotte Ginsburg

குண்டலினி
வின் /வாலை
குண்
வின்
குண்டலின
வாலை
குண்டலினி
குண்டலினி
கண்ட
லின

3- La création d'une entité céleste

La question est : comment naît une entité spirituelle ?

Je crois avoir compris le processus de la naissance d'une entité spirituelle. Le passage est obligatoirement terrestre avant de devenir une entité spirituelle accomplie.

L'être humain qui rencontre sa moitié flamme jumelle rentre en symbiose avec l'énergie céleste. Ensemble, une fois le travail fini de la reconnexion avec son entité spirituelle, **crée**, par la jonction de l'Esprit et le corps, une naissance spirituelle, une entité spirituelle, un égrégore, que certains nommeront âme (voir le chapitre 1). Je la nomme Esprit.

Cette naissance spirituelle est le résultat de cette connexion particulière entre la flamme jumelle. Chacun étant une partie séparée et retrouvée en la chair. Le but étant de concevoir une nouvelle entité spirituelle par l'amour qui les unit. Le couple passera par des épreuves de pureté spirituelle comme fut éprouvé Jésus, dans le désert, peu après que lui eut été révélée sa filiation divine. Nous sommes par essence tous fils de Dieu.

Pour résumer le processus, l'union d'une flamme jumelle engendre une entité spirituelle naissante qui grandira spirituellement pour devenir un Esprit accompli.

Chaque partie de la flamme jumelle a une mission planétaire. Celui de ma femme et de moi est de protéger les personnes de l'abus et de donner des outils pour se (re)construire afin de trouver sa voie dans ce monde. Nous avons mis sur pied une association qui se nomme CheCoPa, acronyme de **che**nille, **co**con, **pa**pillon[31].

L'entité spirituelle naissante devrait être en osmose avec la mission particulière de la flamme jumelle et représenterait cette mission dans son caractère, son égrégore. L'Esprit devrait être en harmonie avec la mission sociétale des deux parties de la flamme jumelle.

Michel-Ange, la création d'Adam

« Dieu s'est fait homme pour
que l'homme devienne Dieu. »
Irénée de Lyon.

---

[31] www.sortiesdemprises.com

4- La pensée philosophique de la vie

Il y a des situations qui me stimulent l'esprit. Dernièrement, je parlais avec une dame d'une 50taine d'années de la réincarnation et lui disais que je ne m'attachais pas à cette pensée. Elle fut très choquée. Je compris que pour certaines personnes la réincarnation est un fondement dans leur vie spirituelle. La question qui m'a alors traversé l'esprit est : ai-je le droit de démonter cette croyance, car il s'agit bien d'une croyance qui ne repose sur rien de tangible si ce n'est un semblant de logique spirituelle, ou faut-il laisser ces personnes dans l'ignorance, à l'image des personnes emprisonnées dans la caverne de Platon ? J'ai échangé quelques pensées sur sa croyance et je me suis abstenu d'aller trop loin dans la réflexion afin de respecter son point de vue.

Je me rends compte quelques fois que certaines personnes ne sont pas prêtes à remettre en question cette vision de la vie. Je suis même persuadé que certains lecteurs ne se remettront pas en question malgré la lecture de ce livre. Je les comprends, car je suis moi-même un sceptique et difficile à convaincre. Ce qui me fait avancer sur ce chemin est souvent le désir de comprendre ce qui se cache au-delà des stéréotypes de la pensée. Mon cheminement s'appuie sur des connaissances acquises peu à peu, comme dans un immense puzzle dont je dois chercher les pièces à travers le cheminement de ma vie. En général, ma perception va bien au-delà de la conscience présente et s'attache à un tout qui se trouve dans mon esprit conscient et inconscient, peut-être même attaché à mon ADN. Je le ressens comme un fluide énergétique qui me signale la cohérence d'une réflexion avec le tout qui m'habite. Pour donner un exemple, je n'adhère pas à la pensée d'Einstein qui dit qu'il existe des mondes parallèles dont nous faisons partie, où nous nous différencions par des expériences personnelles distinctes. Le moi dans un monde parallèle pourrait être riche tandis que dans un autre monde parallèle, il serait pauvre. L'un étant connecté à sa propre expérience liée à ses choix, tandis que l'autre serait la résultante d'un vécu différent. Pour ma part, cela ne peut pas être, car il y a un problème dans ma compréhension du tout. Si nous sommes créés par une divinité, en d'autres termes par un être supérieur et que nous venons d'un esprit qui s'est matérialisé en chair à l'exemple de Jésus, nous ne pourrions pas être plusieurs entités spirituelles ! Imaginons que le moi riche vit dans la débauche et que le moi pauvre vit une spiritualité exemplaire. Comment l'être divin unique (Rouah) qui les anime sera-t-il à la mort des deux êtres identiques vivants dans les deux mondes parallèles ? Pour ma part, il ne peut exister que dans un seul monde. Ce qui pourrait être sensé, c'est que nous vivons à chaque seconde un monde parallèle et que ce monde disparaît tandis que l'autre continuerait de vivre. Il y aurait un choix extrêmement rapide de notre subconscient ou d'une intelligence supérieure qui déciderait lequel de ces deux mondes resterait et lequel disparaitrait. Cette approche trouverait une réponse sensée à la vie en restant cohérent à l'ensemble de la compréhension de l'univers qui m'anime et qui me guide.

De plus, si nous devions passer sur terre pour vivre une expérience et transcender, comment pourrait-on rester cohérent s'il y avait plusieurs « moi » ?

J'en conclus donc que vivre dans plusieurs mondes parallèles serait une gageure de l'esprit, à moins que mon autre moi ne devienne plus moi mais une nouvelle entité ???

L'esprit taraude la pensée et la pensée en réponse fait douter l'esprit. Nous pourrions être des machines organiques à l'instar des robots, dans lesquels nous jouerions un rôle fictif pour expérimenter une réalité virtuelle, pour parfaire notre connaissance de la vie spirituelle et/ou de la chair, une sorte d'expérience qui nous éduquerait vers un meilleur de soi.

À la mort, nous nous réveillerions et prendrions conscience d'une nouvelle réalité. Pourquoi pas ?

Nous sommes faits de chair comme les robots de fer !!! Quelle différence ? Juste une différence de compétences technologiques.

La réponse se trouvera après notre propre mort.

Le penseur d'Auguste Rodin

Conclusion

L'être humain confond souvent « incarnation passée », « événement vécu » lors de situations particulières, et « accès à la mémoire de nos ancêtres » transmise lors de notre conception.

Pour ma part, la réincarnation telle que vécue par des expériences ou des rêves, songes et autres, est en réalité un accès à la mémoire de nos ancêtres enfouie dans notre ADN, transmise par notre père & mère qui eux-mêmes l'ont reçue de leurs aïeuls.

La personne qui connait un passé qui ne lui appartient pas serait habité par un esprit d'un mort qui est resté sur la terre et qui n'est pas monté vers la lumière. D'après les médiums, des esprits errent sur terre ne sachant pas où aller et continuent une certaine vie en s'accaparant des âmes vivantes. On retrouve, d'une certaine façon, cette perception dans la philosophie bouddhique (la métensomatose).

En général, ce que nous croyons être notre réalité du passé est souvent une réminiscence d'un événement qu'a vécu un de nos ancêtres[32] et qui revient à la mémoire lorsqu'on est en contact avec un élément qui rappelle cette mémoire. Cet élément peut être lié à un choc accidentel, émotionnel ou provoqué par des transes ou par des techniques d'introspection profondes. Certaines personnes sont plus sensibles à ces phénomènes et accèdent plus facilement à cette mémoire transmise par nos aïeux (les médiums).

---

[32] Ce vécu peut aller au-delà de sa propre existence. Vous pourriez avoir accès à son environnement sensoriel.

Pour donner un exemple, la technique utilisée par les constellations familiales est un outil qui nous connecte à notre inconscient et à l'inconscient collectif (annales akashiques) et ramène à la conscience le vécu d'un de nos ancêtres, un peu comme un enregistrement d'une vidéo qui contiendrait une séquence que nous réparions. De cette manière, nous libérons les blocages émotionnels et remettons de l'ordre dans le système pour amener à l'ouverture du cœur. Ce procédé permet à la personne de ne plus porter un fardeau qui ne lui appartient pas et qui pourtant influe dans sa vie de manière négative, comme s'il devait porter la faute de ses aïeux de façon répétée de génération en génération.

Nous retrouvons ce même phénomène dans l'épigénétique qui consiste en une modification de notre code génétique due à un choc émotionnel important et transmissible à nos descendants qui ne sont pas encore conçus. Cela s'observe dans les maladies auto-immunes qui se transmettent de génération en génération comme le syndrome d'Ehlers-Danlos et la Sclérose en plaques.

Si cela se révèle juste, il serait possible d'accéder à nos mémoires ancestrales et de modifier celles-ci dans un but d'améliorer notre existence présente grâce à une meilleure expression et libération de nos émotions et de transmettre cela à nos descendants.

L'émotionnel serait semblable à la partie chimique de notre cerveau, comparable aux synapses (le neurotransmetteur) qui transmettent l'information entre les neurones, et serait semblable à un transmetteur qui transporte l'information vers la mémoire morte d'un ordinateur en comparaison à la mémoire vive qui serait la partie électrique de notre cerveau et qui ne reste pas, mais l'anime et le fait vivre (électrochoc).

Ce phénomène de transmission de la mémoire de nos aïeux pourrait être une manière de concevoir l'éternité, comme le serait le fruit d'un arbre qui tombe sur le sol (palingénésie). Ce fruit porte en lui la vie passée de son aïeul et perpétue ainsi sa lignée génétique.

Il existe des techniques qui permettent à des maladies de transcender. Pour exemple, la tomate est sujette à la maladie du mildiou. Certains potagistes ont remarqué que s'ils replantent une graine d'une tomate qui a connu la maladie, elle deviendra plus résistante lors des prochaines attaques du champignon.

Il en est de même pour nous. Si nous transcendons un dysfonctionnement hérité par nos ancêtres, nous épargnerons nos futures générations de cette tare. Il en est de même pour une prédisposition acquise comme la musique, la danse, tout ce qui touche à nos sens ; tout cela peut se transmettre de génération en génération.

J'ai pu, par cet ouvrage, distinguer les différentes formes que revêt le terme « réincarnation ». Sa forme originelle est « Palingénésie » qui aurait connu une altération philosophique et religieuse, au temps de Socrate et de Platon, pour devenir « Métempsycose ». C'est cette dernière compréhension qui serait à l'origine de cette approche erronée sur la renaissance (palingénésie) et qui aurait donné cette explication sur la réincarnation que nous connaissons aujourd'hui. La

Bible et d'autres écrits appuient bien l'idée de la transfiguration de l'être accompli vers sa félicité céleste et non vers un retour en la chair.

La réincarnation (métempsychose) est-elle une pure vision de l'esprit, un besoin vital de rêver à une autre vie meilleure que celle que nous expérimentons et qui influence notre perception de la vie après la mort ? Ne serait-ce pas, d'une manière encore peu comprise, une connexion à la mémoire de nos ancêtres comme je l'ai mentionné précédemment ?

A la mort de notre âme, l'esprit aura accumulé une expérience et deviendra un esprit aguerrit. Il existerait un processus où l'esprit nouveau s'associant à un corps devient une âme. Ce serait un esprit nouveau qui s'enrichit de l'expérience de la ligné du couple qui l'a mis au monde dans la chair. L'esprit vit ses expériences dans ce corps pour devenir par la suite un esprit mature qui rejoint l'Energie vitale dans l'au-delà, une fois sa vie terrestre accomplie. Cette Energie vitale céleste serait « le tout » et continuerait de s'enrichir des expériences des êtres à la mort de chaque âme et accumulerait systématiquement les expériences des lignées terrestres. Dans quel but ? Je l'ignore. Si on se réfère à la pensée du film Matrix, notre esprit aguerrit serait une énergie alimentant un tout, tout en étant distinct des autres entités formant ce tout, un peu comme une batterie qui devrait se charger pour faire fonctionner le tout.

Que ferions-nous de notre vie présente sans cette croyance sur l'après-vie ? Il vous appartient d'y réfléchir comme je l'ai fait au travers cet ouvrage !

Je remercie mon épouse, Céline Rouge, pour son aide dans la cohérence de l'écrit et René Sigrist pour les corrections apportées.

Qui détient la clé qui ouvre la porte et qui nous mène vers l'arbre de la vie ?

Table des matières

Édition : BoD · Books on Demand, 31 avenue Saint-Rémy, 57600 Forbach, bod@bod.fr

Impression : Libri Plureos GmbH, Friedensallee 273, 22763 Hamburg (Allemagne)

ISBN : 978-2-3225-7382-0
Dépôt légal : Mai 2025

I.S.B.N. : 978-2-3225-7382-0
Dépôt légal : Mai 2025
Dépôt Belgique :
D/2023/13.820/1

www.checopa.be

FSC
www.fsc.org
MIXTE
Papier issu
de sources
responsables
Paper from
responsible sources
FSC® C105338